U0672380

让 我 们 一 起 追 寻

HIDEYOSHI TO KAIZOKU DAIMYO

BY Tatsuo FUJITA

Copyright © 2012 Tatsuo FUJITA

Original Japanese edition published by CHUOKORON-SHINSHA, INC.

All rights reserved.

Chinese (in Simplified character only) translation copyrights © 2019 by Social Sciences Academic Press

Chinese (in Simplified character only) translation rights arranged with CHUOKORON-SHINSHA, INC. through Bardon-Chinese Media Agency, Taipei.

丰臣秀吉与海盗大名

〔日〕藤田达生 著

信誉 译

从海洋史
看
日本战国的
终结

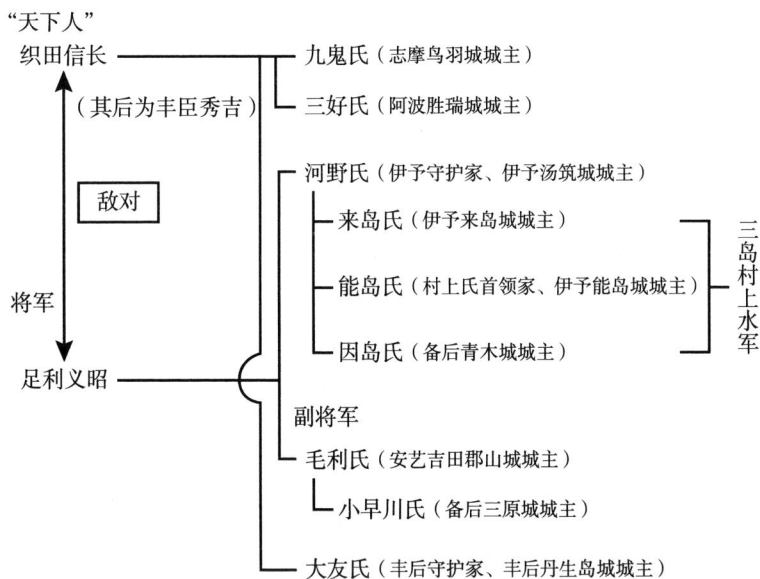

"天下人"、将军、海盗大名关系图

瀬户内海周边地图

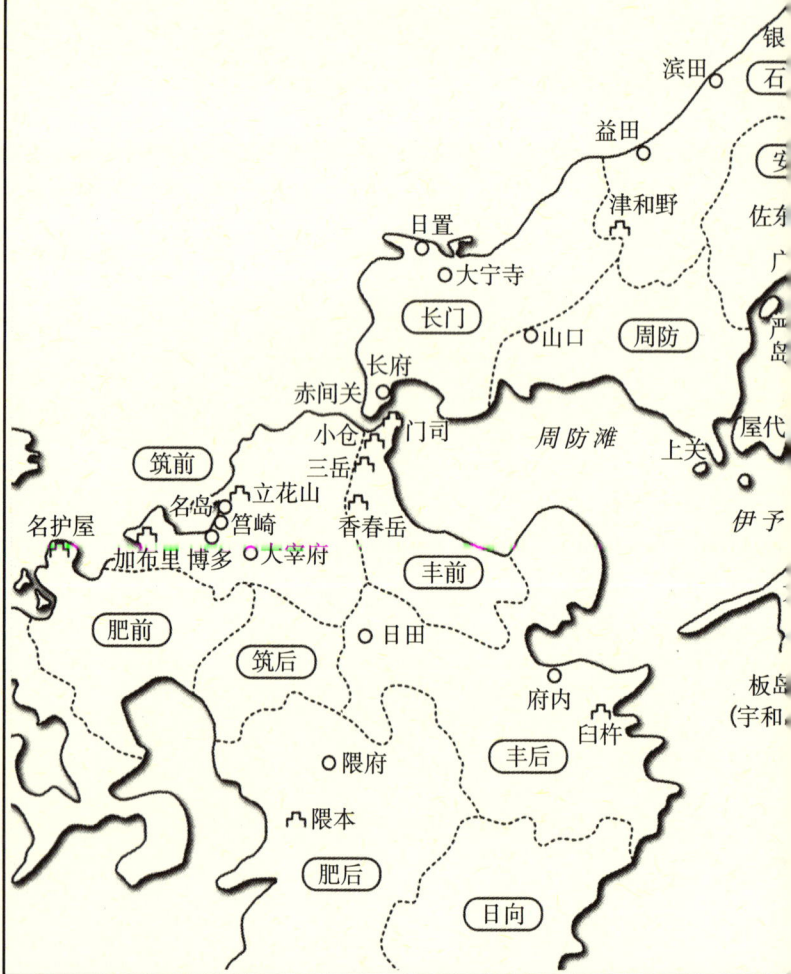

银
石
滨田
益田
安
津和野
佐东
广
日置
大宁寺
严
长门
周防
岛
山口
长府
屋代
赤间关
周防滩
小仓 门司
上关
筑前
三岳
名岛
立花山
伊予
名护屋
筥崎
香春岳
加布里 博多 大宰府
丰前
肥前
筑后
日田
府内
丰后
白杵
限府
板岛
(宇和
隈本
肥后
日向

丹后

出云

奇
鳄渊寺
气大社
刀屋

八桥

伯耆　羽衣石

鸟取

但马

月山富田

因幡

丹波

篠山

矢筈

美作

播磨

八上

备后

备中

上月

摄津

松山　高松　冈山

加茂

日幡　沼

赤穗

姬路　高砂　三木

有冈

明石

备前

播磨滩

兵库

岩屋　大坂

（本愿寺）

沼田高山

三原　尾道

猿悬　常山

下津井

淡路

淡轮

原

镇海山

真锅岛

鞆

盐饱岛

志智　洲本

杂贺

崎

因岛

安国寺

十河

由良

斋岛

能岛

赞岐

胜瑞

兴国寺

小凑

来岛

大岛

天雾

虎丸

拜志

令治

金子

白地

岩仓

宫

燧滩

高峠

生子山

阿波

原

国分山

冈丰

浦户

土佐

中村

毛利氏　　　　　　　　　备　后

安　　艺　　　　　　　　　　　　福山

银山　○府中　　　　　沼田
廿日市　　　　　　　　　竹原
　　　　　　　　　　　　　　　大
　　　　　　　　　　　　　　　三
　　　　　　　　　　　　　　　岛
岩国　　　　　来岛氏　　　　　大岛
　　　　　　　　　　今治
周防　　　　　　　　菊间　　村上氏
　　　　　　　　　惠良山　　　新居滨
　　大岛　　　　　鹿岛　高尾　　　　金
　　　兴居岛　　　　　　　　高峤　　石
　　　　　　　　　汤筑（道后）
　　　　　　　　　松山　　河野氏
　　　　　　　　　重信川
　　　　　　　　　　　　伊　予
　　　　　　肱川
　　　大洲　　　宇都宫氏
　　○八幡滨　　　鱼　三滨　樽原　　莲
　　　黑濑　　　　成　　　　　　　户波
　　　　　　西园寺氏
　　法华律　　北川　　　　　久礼
　　户岛　　宇和岛　　　洼川
　　　　　　　　　　仁井田川
　　　津岛　　　四　　　中村
　　　御庄　　　万　　　　×
　　　　　　　宿毛
　　　　　　　三（四万十三）

冲之岛

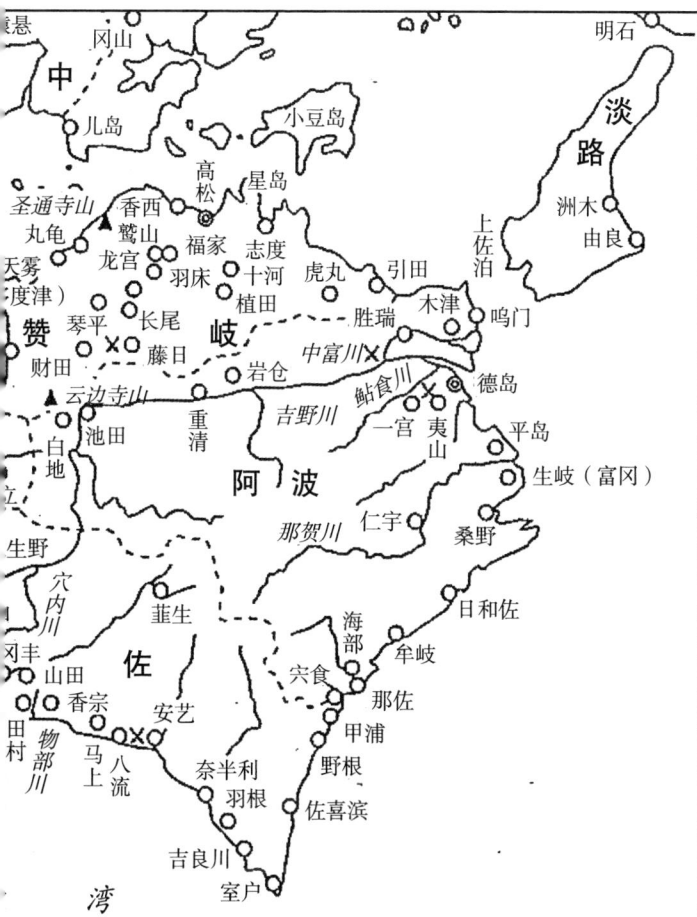

海盗大名分布图

0   40km

中
冈山
儿岛
小豆岛

淡
路

明石

洲木
由良

圣通寺山
丸龟
天雾
（度津）

赞

琴平
财田
云边寺山
池田
白地
立
生野
穴内川
冈丰
山田
田村
物部川

佐

香西
鹫山
龙宫
长尾
藤日

重清

韭生
香宗
安艺
马上
八流

高松
星岛

福家
十河
植田
岩仓

阿

岐

志度
虎丸

胜瑞
中富川

那贺川

海部
宾食
奈半利
羽根

甲浦
野根
佐喜滨

吉良川
室户

引田
木津

鲇食川
一宫

仁宇

牟岐
那佐

上佐泊

鸣门
德岛

夷
山
平岛

生岐（富冈）

桑野

日和佐

波

吉野川

湾

目　录

序言——海盗史研究的新视角

何为海盗

笔者去看了电影《加勒比海盗》。这部电影人气很高，所以扶老携幼的观众挤满了影院。但观影途中笔者却突然想到，观众之中大概没有人了解电影里面那些大显神威的"海盗"（pirate）与被称作"倭寇"的日本海盗在本质上的不同吧。

日本的海盗并不是驾驶大型帆船，而是乘坐"关船（早船）""小早"① 等中小型快艇在海上活动的。而且，日本的海盗毕竟与电影中那些被政府舰队追赶、被捕后还

---

① 日本中世时期（一般指从镰仓幕府成立到江户幕府成立这段时间，也有观点认为中世时期的下限应以室町幕府灭亡为界）使用的军船大致上分为安宅船（大型）、关船（中型）和小早（小型）。本书所有脚注均为译者注，后面不再特别说明。

丰臣秀吉与海盗大名

会被处以绞刑的海盗不同，他们是拥有海上支配权的合法存在。这正是二者最根本的区别。故此，笔者想从以下两个侧面来重点描述日本海盗所具有的官方性。

①日本的海盗是设于"札浦"① 等重要港口（不仅是海港，也包括河港与湖港）处的各种关卡的管理者，他们在这里征收所谓"关役"②"上乘料"等税金。

②一些日本海盗能够娴熟地驾驶军船，以"警固众"③ 的身份组成海上部队，成为守护大名④或战国大名军队的一部分。因此，学术界也称这些海盗为"水军"。

关于①中所述的特点，虽然在中世时期也有不少海盗凭借一己之力在港口设置关卡，但这些关卡在海盗世界里是得到公认的，他们也认为自己理应拥有征收"关役""上乘料"等税金的权利。在航海途中遭遇的海盗们会自

---

① 向通行船只征收通行税的港口。
② 即通行税。
③ 负责海上守卫工作的人。
④ 守护是镰仓幕府时期在各令制国设置的职位，后来演变成为封建领主，在领国拥有经济、军事等广泛权力，被称为"守护大名"。十五世纪后期，一部分守护大名开始衰落，还有一部分演变成为战国大名。

称"关"或"关立"，不由分说地向旅人们索取礼金。正因如此，对海上的旅人们来说，海盗给他们留下的最深刻印象就是其蛮横无理的一面。

关卡的通行费也有多种：有根据船只大小征收的"帆别钱"，也有根据所载货物征收的"货别钱"，还有名为"上乘料"的引航费用。所谓"上乘"，是指商旅雇用海盗与其同乘，以此来避免海盗同党们的袭击。

将军足利义持①曾遣使至朝鲜。应永二十七年（1420），宋希璟作为朝鲜方的回访使节被派遣到日本。在他所写的《老松堂日本行录》中，有"在蒲刈（位于今广岛县吴市）附近花钱雇用了东贼（东濑户内地区的海盗），以防遭到西贼的袭击"这样的记述。由此可以确认，"上乘"的规则在当时确实是存在的。随着时代的推移，这一规则逐渐演变成濑户内海的正规交通体系，并被战国大名阶层广泛利用。

有关②中的特点，笔者想要强调的是，虽然我们对海盗有着"类似海上佣兵一样，自由活动且行为残忍"的印象，但实际上他们会听从足利将军或大名的军事动员，并且受封领地或担任代理官职。显然，他们是活跃于海上的武士集团。在这个意义上，我们决不应把海盗看作非法的存在。

---

① 足利义持（1386～1428），室町幕府第四代将军。

一叶障目，不见森林

明治时期以来，日本的海盗史领域已经积累了丰硕的研究成果。近年来，虽然网野善彦的"海民说"与胜俣镇夫的"无主武士说"备受瞩目，但其后的研究都倾向于查明这一特殊世界的具体样态。

比如，濑户内地区的海陆关系是一体化的，担任庄园代官①的海盗也并不少见。既然海洋是所有人都能使用的公共区域，研究者们若是执意探求海陆两个世界之间的差异，也就谈不上有什么创造性了。

笔者将环绕着濑户内海这一交通大动脉的中国②、四国沿海地区看作一衣带水的区域，希望将本书的舞台设定在这一区域之内。但就像正文中所谈到的，在九州、熊野、志摩、知多等地也有海盗势力活动，而且在濑户内地区之外，组织起水军的战国大名也不在少数。然而笔者之所以重点关注濑户内地区的海盗世界，是因为每当信长、秀吉、家康等英雄人物试剑天下之时，能否掌控此处海域便会成为他们必须面对的紧要问题。

---

① 代替领主管理地方事务的官员。
② 指日本本州西部的冈山、广岛、山口、岛根、鸟取五县区域。

促成中国、四国沿海地区一体化的"润滑剂"正是海盗势力。特别是由于西濑户内海的大部都属于伊予国①，故而以村上氏为首的强大海盗势力长年臣事于该国守护河野氏。而且，不仅是河野氏周边的大名，就连足利幕府的将军也认同此事。

毛利元就②曾言："此次赴与（予）州一事，经来岛扶持（通康）斡旋，实乃（毛利）隆元我等翘首以待之事，亦可作顺水人情。"（《毛利家文书》）他清楚在天文二十四年（1555）的严岛合战③中，毛利氏之所以能够战胜陶氏，就是因为倚仗了河野氏重臣来岛氏的援军。毛利氏为报此恩而出兵伊予，救援河野氏。

另外，在天正四年（1576）的木津川口之战④中，信长水军战败，联军军粮得以运入大坂本愿寺。将军足利义昭⑤亦曾为村上氏的参战向河野通直致谢。河野氏在当时就被认为是战国时代濑户内海盗势力的魁首，这种看法直

---

① 日本古代令制国之一，范围相当于现在的爱媛县。
② 毛利元就（1497~1571），日本室町时代后期到战国时代的大名。后被追认为长州藩的始祖。
③ 1555 年，毛利元就和陶晴贤在安艺国严岛交战，毛利氏以少胜多，此役使中国地区的版图发生了剧变。
④ 此处是指第一次木津川口之战。此战中毛利水军战胜织田水军。
⑤ 足利义昭（1537~1597），室町幕府第十五代将军。1568 年，他在信长的拥戴下成为将军，后与信长反目，欲讨伐信长，却于 1573 年被逐出京都。

至天正年间都未改变。

历来的海盗史研究都以村上氏等强大海盗势力最为活跃的战国时代为中心舞台，对这些称霸濑户内海的海盗的真实状况进行了分析。但本书所关注的是战国末期将这些海上武士组为家臣集团的河野氏及与其有亲缘关系的毛利氏（实际上是小早川隆景①）。正是他们充当了统治濑户内海的公权力，也就是所谓的"海盗大名"。

本书使用了"海盗大名"这一概念，以此将之与以陆战为中心的东国②地区战国大名严格区别开来。这是因为海盗大名利用麾下海盗势力的高机动力与敏锐的商业嗅觉确保了对广大海域的制海权，从而维持自己在领国的统治。比如，河野通直之所以能够抵御来自土佐国③战国大名长宗我部元亲④的猛攻，其占据优势的水军力量起到了决定性的作用。

而对于想要征服西国地区的"天下人"（执掌天下的人）来说，培养属于自己的水军也成了无法回避的课题。

---

① 小早川隆景（1533～1597），毛利元就的第三子，日本战国时代到安土桃山时代的武将、大名。后成为丰臣政权"五大老"之一。
② 日本近代以前的一个地理概念，主要包括关东地区和东海地区。
③ 日本古代令制国之一，范围相当于现在的高知县。
④ 长宗我部元亲（1539～1599），日本战国时代到安土桃山时代的土佐国大名。1575年统一土佐，后平定四国全境。但于1585年降于丰臣秀吉，仅领有土佐一国。

在此仅举一例：从天正二年征伐伊势①长岛一向一揆②开始，九鬼嘉隆便率领盘踞在志摩的海盗势力陆续参与了天正六年摄津③木津川口之战及天正八年的摄津花隈城攻略战等战役，在战场上大显身手。九鬼也逐步成长为织田信长麾下的海盗大名。

丰臣政权时，河野氏灭亡，村上氏也被转封到九州。之后，拥有伊予、淡路④的藤堂高虎、加藤嘉明、胁坂安治等丰臣系大名也将当地的海盗势力组织成水军，并参与了出征朝鲜。至此阶段，与海盗的单兵作战能力相比，驾驶装备着多门舰载炮、大量火绳枪的大型军船——安宅船的军事能力及其背后的经济实力已经变得不可或缺了。

战国时代以来，海盗们都是娴熟地驾驶关船或小早，接近敌船后投出被称作"炮烙火矢"的燃烧弹来烧沉敌船。而此时，擅长这种作战方式的海盗大名们的时代终于落幕。在村上氏的家臣中，有不少人为了追求更有利于发

---

① 日本古代令制国之一，范围相当于现在的三重县北部。
② 一揆指农民、宗教信徒等为某种目标所结成的政治共同体及其针对统治者的反抗行动。一向一揆是日本战国时代净土真宗（一向宗）本愿寺派信徒所发起的一揆之总称。
③ 日本古代令制国之一，范围相当于现在的大阪府北部及兵库县东南部。
④ 日本古代令制国之一，范围相当于现在的兵库县淡路岛。

挥自身实力的平台而辞别主家，转事丰臣系大名。在传统的海盗大名中，还有如九鬼氏一样凭借掌握着安宅船的造船技术而得到"天下人"重用的例子。

而且，有些研究者在研究战国末期将势力范围扩张到东濑户内海的村上武吉时，称其为"海上大名""海盗大名"，甚至使用了"海上统一政权"等词语，不得不说这种评价言过其实了。村上氏虽然拥有很高的独立性，但他们在政治上仍自认为是河野氏的重臣。此外，他们也并未曾试图取得直属于足利将军或"天下人"的大名地位。

说得极端一点，以往的研究都只是对海盗的个案研究，而并非在分析海盗大名活动的基础上，从中国、四国的沿海地区这一范围出发来论述海盗的权力，正可谓"一叶障目，不见森林"。

战国时代的海盗大名

本书将重点关注海盗大名之枭雄——河野氏，特别是其末代首领河野通直（？～1587）。由于隐蔽在实力强大的大名毛利氏的阴影下，河野氏一直被掩埋在历史中。首先来简单介绍一下战国时代河野氏的情况。这一时期的河野氏首领大都体弱多病甚至短命而终（比如河野通直终年仅二十四岁），加之为了家督继承内讧不断，所以就连当地出身的研究者们都给河野氏贴上了"二流弱小大名"一类的标签。

然而，不论怎样，以风早郡河野乡（位于今爱媛县松山市，后文出现爱媛县内的地名时将省略县名）为家名发祥之地（即籍贯地）的河野氏，自其祖上——在源平之战①中大显身手的河野通信（即净土教时宗的创始人一遍智真的祖父），以及在元日战争②中以勇敢驰名的河野通有——开始，在整个中世都是称霸伊予的名门武士。

另一个重要事实则是，河野氏是整个中国、四国地区唯一一个在周防国③大名大内氏灭亡后勉强维持住自家领地的守护大名。而且，在战国末期，河野氏还将村上氏、来岛氏等强大海盗收编为重臣，在伊予一国与濑户内海地区发挥着广泛的影响力。

战国时代的河野氏首领曾被将军许可使用屋形号（一种称号，仅授予拥有守护以上身份的足利氏同族、历代均为实力强大的守护并在幕府中担任要职的家族以及曾建立特殊功勋的名门），也曾成为将军的相伴众（管领④之下的官职，随同将军出席府中宴会及出访），还被授予

① 又称"治承寿永之乱"，是十二世纪末日本爆发的一场大规模内乱。
② 指1274年和1281年元朝皇帝忽必烈两次派兵攻打日本的战争。
③ 日本古代令制国之一，范围相当于现在的山口县东部。
④ 室町幕府的第一要职，协助将军统辖政务。

左京大夫（官位相当于担任侍所长官的"四职家"①）的官职。即便是在守护大名之中，这些恩赏也属于极高规格的殊荣，这正是河野氏影响力的一个佐证。

近年来的研究表明，在战国时代，室町幕府的恩赏制度已经深入浸透到了地方的武家②社会之中，这意味着战国大名会通过树立权威的方式来确保自身权力的正当性。因此，就河野氏的门第与权威而言，与其对抗的长宗我部氏是难以望其项背的。

其次介绍一下被认为属于河野一族的美浓③河野氏的情况。美浓的强大领主稻叶良通（即伊予守稻叶一铁。其嫡子稻叶贞通是丰后④臼杵藩的初代藩主）及一柳直末（美浓轻海西城城主）、一柳直盛（伊予西条藩初代藩主）兄弟等人，都曾将家世追溯到了名门河野氏。近来还有研究指出甲斐⑤河野氏也曾存在，他们是河野氏分家予州家的子孙，后移居甲斐仕于武田氏，到江户时代又成为旗本⑥武士。随着相关研究的不断推进，今后我们应该可以更加清晰地看到河野一族繁衍壮大的情况。

---

① 指室町时代担任侍所长官一职的赤松、一色、京极、山名四氏。
② 与"公家"相对，一般指武士。
③ 日本古代令制国之一，范围相当于现在岐阜县南部。
④ 日本古代令制国之一，范围相当于现在大分县。
⑤ 日本古代令制国之一，范围相当于现在的山梨县。
⑥ 指俸禄不满一万石、有资格直接晋见将军的将军直属家臣。

通通
直教
（　）

│

通宣（刑部大辅）

│

通直（弹正少弼）

│

通宣（左京大夫）　晴通

│

通直（牛福）

战国时代河野氏总领家系简图

同时，近年来的发掘和调查表明，河野氏的本城①伊予汤筑城（位于今松山市）拥有大规模的城内外双重护城河与土垒，是一座十分先进的平山城②。

笔者参观过大量颇具异国风情的文物古迹，包括经发掘整理的大规模城郭遗址以及高级进口陶瓷器等，对它们带来的巨大震撼仍记忆犹新。在笔者看来，人们根据以往的既存史料对河野氏所形成的看法之中仍然存有相当多的

---

① 也称"居城"，指被领主作为大本营的城郭。
② 指在台地或丘陵上建筑的城郭，便于守城战斗。

偏见，因此有必要尽早矫正它们。

另一件颇为重要的事情是，汤筑城的城下町①道后不仅是闻名全国的温泉胜地，其周边还坐落着与河野氏颇有因缘的石手寺（四国八十八所圣地中排在第五十一位的名刹）、宝严寺（一遍智真的诞生地）、伊佐尔波神社（式内社②，汤筑城筑城时迁移至现在的地址）等寺社，来自各地的旅人和朝拜者常常落脚于此，也给这里带来了繁荣。

海盗大名的生存之道

天正五年（1577），奉主君织田信长之命平定播磨③的秀吉踏上了播磨的土地。最迟就是在此时，他开始接触到了濑户内地区的海盗世界。此后，无论是天正十三年至天正十五年的西国④远征（征讨纪伊⑤杂贺、四国、九州），还是天正二十年直至庆长三年（1598）的出兵朝鲜，濑户内地区的海盗都曾参与其中。也就是说，从秀吉仍是织田家重臣时开始，到他成为"天下人"并一直到

---

① 以领主居城为中心形成的都市，拥有商业、防卫和行政等功能。
② 指被收录于《延喜式神名帐》中的神社，属于官方神社。
③ 日本古代令制国之一，范围相当于现在的兵库县西南部。
④ 泛指日本西部地区。
⑤ 日本古代令制国之一，范围相当于现在的和歌山县及三重县南部。

他离开人世为止，双方一直保持着长久而密切的关系。

近年来人们在论述丰臣政权时，倾向于将战国大名所主导的地域整合运动与秀吉所主导的日本统一进程看作顺承关系。高中的日本史课程也把这样的观点教授给学生：从地域社会到国家形成的这种历史潮流，最终汇入了丰臣政权"并不完全依赖军事征服"（山川出版社『詳説日本史』）的统一日本事业这条大河之中。

但长期以来笔者并不同意这种看法。河野氏、毛利氏等海盗大名在与秀吉进行了多年的战争和外交协商之后，面临着前所未有的危机，他们被迫赌上家族的命运，在极为严苛的状况下做出了攸关命运的抉择。这才是本书关注的重点。海盗大名尊重足利将军和守护等室町时代的权威，而秀吉则标榜自己是信长改革的继承人。他们双方对于国家蓝图的设想存在无法逾越的鸿沟。而历史往往就是在这样的对抗关系中形成的。

秀吉继承了信长的政治路线，厉行天下统一大业。一方面，他要将新时代的价值观灌输给那些有能力的人才，从而使之成为军事国家的栋梁；另一方面，他也将那些被认为是"无能"的、拥有室町时代以来贵族血统的人埋葬在历史之中。在控制濑户内地区海盗世界的过程中，秀吉也采取了同样的方针。

下面来简要说明一下本书的主要内容：

丰臣秀吉与海盗大名

第一章，笔者从多角度出发，解释了"濑户内地区的海盗世界究竟是什么"这一基本问题。第二章，笔者则将目光集中在信长的晚年时期，揭示这一阶段秀吉针对海盗大名家臣团所实行的无懈可击的策反工作的具体情况。而在第三章中，笔者追溯了战国时代末期以后，濑户内地区的海盗世界的势力从河野氏转移到毛利氏的历程。

接下来的第四章，笔者着眼于随着法域（法令效力所及的地域范围）扩大，丰臣政权多次颁行的"海盗禁止令"，并阐述其与河野氏的灭亡及毛利氏对村上氏的收编之间的关联。之后的第五章，笔者着眼于德川家康经过关原之战①、大坂之阵②后建立起来的海域监视网，并试图从海洋史的视角来展望近世国家诞生所具有的意义。

---

① 丰臣秀吉死后，丰臣家内部出现分裂。由于实力过于强大的德川家康威胁到了丰臣家的统治地位，1600 年 10 月，石田三成领导的西军与德川家康领导的东军在美浓国关原地区爆发战争。西军战败，石田三成、小西行长、安国寺惠琼被斩首。德川家康取得了统治权，三年后成立了德川幕府。

② 1614～1615 年，德川氏为消灭丰臣氏所发动的战争。丰臣家在此役中灭亡。

第一章　濑户内地区的海盗世界

1. 濑户内地区的历史潮流

陆战与海战

丰臣秀吉（原名羽柴秀吉，天正十四年［1586］才从朝廷获赐丰臣一姓）如何看待这个足以左右西国地区大名动向的海盗世界呢？对出生于尾张①、其后又主要活动在东国地区的秀吉来说，该如何收编濑户内地区的海盗势力无疑是个难题。

比如说在战争的形式上，东国地区基本是以陆战为主的。与之相反，在西国地区，水军的实力则不可或缺。很多时候由于敌方城郭邻近河流、湖沼、海洋等地，即便白

①　日本古代令制国之一，范围相当于现在的爱知县西部。

天攻克城池，到了晚上海盗们也能发动夜袭将城夺回。这种事例屡见不鲜。

因岛村上氏的家主村上吉充（后述）之弟村上隆吉有个儿子叫作村上喜兵卫。让我们来看看他所著的《武家万代三岛海贼家军日记》（亦简称为《武家万代记》，现藏于东京大学史料编纂所）一书。这部书记述了毛利家臣儿玉就方所率领的河内水军从战国时代到织丰时代（织田、丰臣时代的简称）的详细情况。其中收录了多达五十条的《河内警固备忘录》，里面还包含着他们的行军守则：

一、毛利军在陆路进军时，河内众则于海路并行进军，此时应将船队中的二百五十艘船分作五队前进。遵照行军日程，水军根据陆军的行军情况，一日或行军五里，或行军三里。水军应遵照命令与陆军联络。陆军一日行军五里，而水军则一日行军十五里，故而水军方面拥有三天的宽裕时间。海陆之间用点火的方式联络，陆军在朝海的山顶处点火。看到信号后，水军则派一艘小船前去确认情况。

毛利军中制定了海陆同时进军的详细规程，故而我们自然可以将"海陆并进"的历史追溯到战国时代，也可以将其看作濑户内地区特有的行军模式。

秀吉的主君织田信长从未拥有可以称作"尾张水军"的部队，秀吉也未曾有过属于自己的水军组织。即便信长收服了志摩的海盗大名九鬼氏，秀吉也没有指挥这一部队并将之投入濑户内海区域作战的资格。在他面前只有一条路，那就是独自运筹，将濑户内地区的海盗势力纳入麾下。

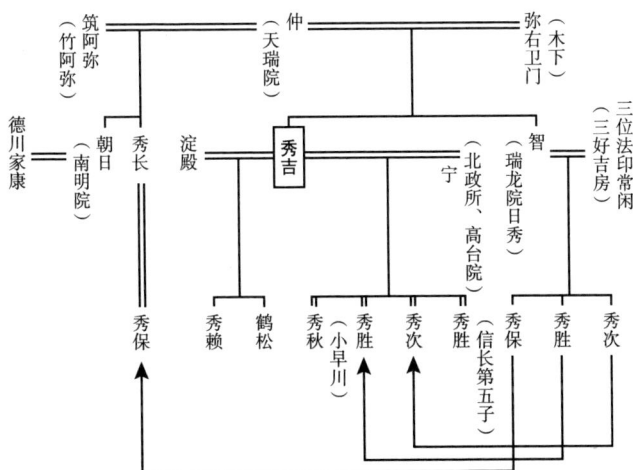

秀吉关系略图

东与西

虽然生于现代的我们常常使用"濑户内地区"这种

简短说法，但在战国时代，濑户内地区的历史并没有呈现一体化的样态。至少，在这个地区有两种历史潮流并存：一个是作为畿内①周边地区的濑户内所呈现的历史潮流，而另一个则是濑户内地区作为与九州北部、东部地区关联密切的独立区域所呈现的历史潮流。

倘若我们来做一个极为简略的区分，那么属于前者的就是中国地区的备中②、四国地区的伊予新居郡以东的地区。这些地区被管领细川氏及其同族（其后则为宇喜多氏、三好氏以及长宗我部氏等）所控制。而后者则是备后③以及伊予周布（周敷）郡以西的地区，属于大内氏（其后是毛利氏）以及河野氏等势力的地盘。在此，我们将前者称为"东濑户内地区"，将后者称为"西濑户内地区"。

东濑户内地区拥有摄津兵库（位于今神户市）、和泉堺（位于今大阪府堺市）两座颇具代表性的日本人港口城市，管领细川氏的同族曾在这两个城市中建立据点并将它们紧密地联系了起来。从此处出发的船舶首先要经过纪淡海峡和明石海峡。强大的海盗们在海峡的附近伺机而

---

① 指邻近京都的山城、大和、河内、和泉、摄津五个令制国。范围相当于现在的奈良县、京都府南部、大阪府大部以及兵库县的东南部区域。
② 日本古代令制国之一，范围相当于现在的冈山县西部。
③ 日本古代令制国之一，范围相当于现在的广岛县东部。

动。正如后文也会谈到的，纪淡海峡的海盗有和泉的真锅氏、淡轮氏以及淡路的菅氏，明石海峡的海盗则以石井（明石）氏闻名。

在西濑户内地区，有备后的尾道和安艺①的严岛等著名的泊船港。另一处非常重要的地点是备后的鞆之浦（位于今广岛县福山市），这里作为东、西濑户内地区的分水岭而十分繁华。燧滩的对面有一个突出的半岛，半岛南端有个小小的海湾。这个海湾深处的一角后来变成了港口。它被对岸的丘陵以及一个名为大可岛的陆系岛（通过沙洲与陆地相连的岛屿）环绕着，是一个风浪平静的优良港口，所以很久以前这里就形成了港口城市。

从丰后海峡流向伊予滩的海流与从纪伊海峡流向播磨滩的海流在这里碰撞交汇，濑户内海流亦因之涨落。船舶的集散便也以此处为中心，利用海潮的涨落来进行。故而，这里成了西国地区的物流集散中心，各路情报也会最先传到这里来。

对室町幕府将军足利氏来说，鞆之浦这个港口城市与他们因缘匪浅。比如，当年为图东山再起而起兵上京的足利尊氏②曾在此处的小松寺歇兵，尊氏之子足利直冬赴任

---

① 日本古代令制国之一，范围相当于现在的广岛县西部。
② 足利尊氏（1305~1358），室町幕府的开创者及第一代征夷大将军。

中国探题①后还曾在此处筑起大可岛城。

　　战国时代，室町幕府第十代将军足利义材曾被细川政元废黜并流放。后来他得到大内义兴的支援，从山口上洛②，再次就任将军（改名义稙）。在上洛途中，他也曾在鞆之浦落脚。第十五代将军足利义昭也曾逃亡至此。他任命毛利氏为副将军，将此地作为反信长势力的大本营，并成立了"鞆幕府"。义昭在西国地区各个大名之间奔走，希望他们能够帮助自己重返京城。

　　就这样，在室町时代初期及战国时代末期，鞆之浦一地都曾绽放令人瞩目的光彩。

濑户内海的航线

　　战国时代后半期，海盗村上氏一族以西濑户内海地区中央的艺予群岛为据点逐渐发展壮大起来。村上氏包括能岛村上氏、来岛村上氏以及因岛村上氏一族三氏，所以也被称作"三岛村上氏"或"三岛村上水军"（考虑到实际情况，本书仅将相当于村上氏统帅的能岛村上氏称作村上氏）。

---

① 室町幕府官职名，掌握着中国地区的军政大权。
② 是"进入京都"的较正式的说法。日本仿照中国的洛阳建立平安京，雅称其为"京洛"，于是后来称呼进入京城为"上洛"。战国时代，"上洛"特指大名率领军队开进京都宣示其霸主地位的军事行动。

他们奉伊予守护河野氏为主家，并与毛利氏建立起了良好的关系，从而一举将势力延伸到了东濑户内地区，在十六世纪前半期控制了赞岐①盐饱群岛——今香川县坂出市的柜石岛、与岛，丸龟市的本岛、牛岛、广岛，以及多度津町的高见岛、佐柳岛等。

以位于播磨滩与燧滩交界处的备赞群岛为中心，众多的船只停泊在这一地区，水手们将旅人和物资源源不断地送到这里。村上氏将盐饱众等盘踞在濑户内海各险隘并划界而治的地域性海盗势力组织和统辖起来，作为他们的统帅逐渐成长起来。

与此相对，织田信长曾于天正五年（1577）三月二十六日保障了盐饱船只航行至堺港的航线（《盐饱勤番所文书》），故而我们能够确认，这个时期的盐饱群岛被纳入了织田信长的势力之下。但是直到天正十二年左右，村上氏都在插手岛内事务。事实上，这一时期的盐饱群岛是同时从属于两方势力的。

在濑户内海地区，滩（海上因风浪很大或海水流速很快而导致航海困难的地区）与群岛交替出现，从东到西依次是播磨滩—备赞群岛—燧滩—艺予群岛—斋滩—防予群岛—伊予滩—周防滩。在滩的交界处海潮涨落差很

———————

① 日本古代令制国之一，范围相当于现在的香川县。

大，从而形成了海峡，也就是所谓的"濑户"。海盗们在这些岛屿上经略着重要的港口，与此同时，还筑起了作为据点的海城。

譬如，能岛城（能岛村上氏的本城）便扼守着鼻栗濑户、荒神濑户、船折濑户等处的急流。而在其周围盘旋奔腾的海流，时速最高能够达到十海里（约十九公里）。来岛海峡涨潮时，潮水的最高时速能够达到约十二海里，从而形成了被称作"八幡涡"的旋流。在这里通行必须有领航人的指引，所以很容易拦截和捕获船只，来岛城（来岛村上氏的本城）就选址在此。这两座城的附近，都是视野差、可航范围小而且海流也很快的区域，所以即便是现在，这些地方也是海难事故频发的危险海域。

近年来的相关研究呈现细致化的趋向。有研究指出，此前被认为确立于江户时代的濑户内海航线甚至可以追溯到战国时代以前，即通往山阳沿岸和四国沿岸的安艺沿岸航线和伊予沿岸航线，以及自西向东的斋滩→鼻栗濑户→弓削濑户→备后滩、斋滩→船折濑户→宫洼濑户→燧滩→备后滩、斋滩→来岛海峡→备后滩这三条统称为远海航线的航路。

海城的发掘

可以说，位于燧滩与斋滩之间的艺予群岛正好处在濑户内地区的中央。这里是村上氏一族的大本营，他们的海城密集地分布在散落的小岛之上。近年来，有关海城的研究受到中世城郭研究的影响，同时又积累了相当的发掘调查资料，因而取得了一定的进展。从多种多样的海城选址和势力范围的划定方式，到在岩礁上残留着无数坑洞（柱穴）群的城郭遗址特征，再到以大量进口陶瓷器为首的出土文物的特点等，重要的研究解读层出不穷。

笔者较为注意的是其中有关岩礁坑洞的研究。这类遗迹仅存在于与村上氏和来岛氏有关的二十座海城遗址之中。研究人员推测，那些纵向等间距分布的坑洞原来是用以固定泊船的设施。而大部分坑洞或是用来固定泊船桩的独立坑洞，或是用途不一、平行于海岸线呈横排一行或两行分布的坑洞。通过坑洞的情况可以确认，城郭的分布正好与艺予群岛的远海航线相契合。

近年来，笔者也到当地主要的海城巡游过一番，认为这些海城具备以下三个主要特征。

第一，这些海城，即使被海盗当作本城，也并不具备十分突出的规模，也没有战国时代城郭一般都配备的土垒或护城河等设施。它们只是单纯的势力范围的象征。第二，在将一个岛屿整体改造为城郭时，海盗们一定会确保掌握对岸陆地上的水井等汲水地点。第三，海盗们大体上会根据家族联络网的分布与航线的情况来考量城郭的选址。相信以后随着海盗研究的不断进步，海城概念亦会随之得以深化。

最近，今治市当地的教育委员会主持了对被认为是村上氏本城的能岛城遗址（国家指定历史遗迹）的发掘工作。在发掘中，人们发现了多处大型居住遗址与冶铸遗址，其情况如下（参照『朝日新聞』愛媛版 2011 年 2 月 12 日、『愛媛新聞』2011 年 2 月 17 日、『史跡　能島城跡（平成二十三年）』等文献）。

能岛是一座无人岛，位于今治市大岛与伯方岛之间的海峡之中，岸线长度约为八百五十米。能岛南面与岸长约二百六十米的鲷崎岛相邻。涨潮时，两岛之间的海面宽度可达约七十米，退潮时约二十米。从南北朝时代①到战国时代，也就是从十四世纪后半期到十六世纪这段时间，这两座岛整体被村上氏的城郭整体囊括在内，从而具备了海城的功能。

今治市教育委员会所发现的双联式大型居住遗址应该

---

① 南北朝时代（1336～1392），是日本历史上的一个分裂时期。后醍醐天皇消灭镰仓幕府后，进行王政复古，推行建武新政。新政引来武士不满，大将足利尊氏逼迫后醍醐天皇退位，拥立光明天皇并建立室町幕府，是为北朝。后醍醐天皇带着象征皇位的三神器逃往吉野行宫，是为南朝。南、北两个天皇各有传承，两个朝廷亦互相征战，最后南朝的后龟山天皇让位于北朝的后小松天皇，南北朝时代结束。

是能岛南部的东南出丸①与西部的三之丸。在东南出丸的地下深约二十厘米处，发掘人员于南北方向长约八米、东西方向长约四米的范围内发现了十余个直径约四十到五十厘米的柱穴遗迹。而在三之丸的地下深约四十厘米处，发掘人员于南北方向长约八米、东西方向长约四米的范围内也发现了许多柱穴遗迹和花岗岩基石。它们都呈长方形整齐地排列着。

冶铸遗址（呈直径约为一米的圆形）被发掘于与三之丸毗邻的能岛西北部深约三十厘米的地下。冶炼炉内还配有被称作"羽口"的素陶烧制的风箱送风管（直径与长度均约十厘米）。人们在其中发现了积存的铁渣和碎陶片，其中还有冶铁时飞溅出来的锻造碎片。可以推断，当时人们在城中制造和修理过铁器。同时，在三之丸的基石之间还出土了大量备前烧②的大瓮残片。复原后其直径可达五十到六十厘米，而高度能达到一米。

根据以上这些发现，我们订正了之前人们对于能岛城的看法。换言之，过去人们认为，矗立在激流之中的能岛城是一座更加重视战斗功能的"诘城"（紧急时据城死守

①　日本古代城郭会将内部区域按功能划分，称作"曲轮"或"丸"。通常情况下最核心部分称为"本丸"，往外依次为"二之丸""三之丸"等。出丸是突出本城建造的小型曲轮。
②　日本冈山县备前市所产陶器，其产地为日本六古窑之一。

的城塞）。海盗们很可能在较为宜居的对岸大岛宫洼也筑起城郭以便日常生活，即宫洼城与"コウガ屋"（传说中对村上氏所建宅邸的通称）。那里也有汲水地点，于是人们认为能岛及其对岸是一个有机的整体。

然而，根据这次的考古发掘，我们发现在能岛城狭窄的城区之内也建有建筑物，同时在能岛南部地区的人造土地中发掘出了大量生活用陶器。从而可以得知，海盗们平日也在能岛上生活。而且，在主城区域内有大量土师质陶器①出土，研究者指出，那里可能是战国大名居城中举行武家仪式的"晴②之地"。再有，在1938年（昭和十三年）的考古报告中，还有发掘出进口陶瓷器与中国钱币等文物的记录。所以很明显，能岛城自身就是一个单独的有机整体。

关于海城，笔者还想补充说明的另一个重要特点是，有许多海城都与海关形成了一体化的机构。后文将详述这些海城。在天正十六年（1588）颁行"海盗活动禁令"之后，不必说周防上关城这种与远海航线相连接的主要城郭，就连位于安艺沿岸航线上的因岛村上氏的备后美可崎城，以及位于伊予沿岸航线上的村上氏的伊予新居大岛城（据传是村上水军之祖村上义弘的居城）等各个据点都与

---

① 日本中世时期以后的一种素陶烧制的陶器。
② "晴与亵"（ハレとケ）是日本民俗学和文化人类学的术语。"晴"表示祭典等每年特定举行的活动，"亵"表示普通生活。

海关共同发挥着功能。所以我们可以推想，在此之前亦有相当多的海城具备海关的功能。

转移据点

为了解濑户内地区的海盗世界，我们有必要先让被收编为信长水军的地域性海盗势力——和泉国①的真锅氏登场。

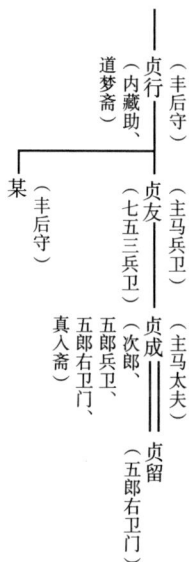

贞行（道梦斋、内藏助）（丰后守）
├ 贞友（七五三兵卫）（主马兵卫）
│　├ 某（丰后守）
│　└ 贞成（真人斋、五郎右卫门、五郎兵卫、次郎）（主马太夫）
└ 贞留（五郎右卫门）

和泉真锅氏家系简图

---

① 日本古代令制国之一，范围相当于现在的大阪府南部。

丰臣秀吉与海盗大名

真锅氏发源于备中小田郡的真锅岛（位于今冈山县笠冈市）。室町时代，作为备中守护细川氏的被官①，真锅氏在濑户内海地区打下了一定的根基。此后不久，他们的家族势力便打入了细川氏分郡所在的和泉国以及伊予新居郡、宇摩郡等地。在和歌山藩的史料集成《南纪德川史》所录的《名臣传》中，有织丰时代的和泉真锅氏首领、后来成为和歌山藩重臣的真锅氏（四千石②）之祖真锅贞成（真入斋）的条目，其中详细记述了他的生平。

在回溯真锅氏家史的《真锅真入公有增御一生之书付》中，著者认为真锅贞成一脉就是《平家物语》里面原籍在备中真锅岛，射杀了著名的河原太郎、次郎兄弟的真锅氏（在《平家物语》中称作"真名边四郎、五郎"兄弟）后裔。其中还讲到，在真锅贞成的六代以前，真锅氏从真锅岛迁徙到和泉淡轮（位于今大阪府岬町）。而在如今的大阪府岬町，仅仅剩下一座被壕沟环绕的圆坟（真锅山古坟，直径约四十米）还保留着"真锅山"这个与真锅氏有关的地名。

其后又有这样一段记述："泉州③有真锅关，倘有自

---

① 指日本中世时期服务于上级武士并成为其家臣的下级武士。
② 战国时期，人们以收获量（以"石"为单位）为标准表示领地或俸禄，称作"石高"。
③ 此处指和泉国。

九州、四国赴京之舟船，便按其规模形制，纳口米于真锅氏。"意思大概就是，一些从九州或四国出发的船可能要走途经土佐湾并穿越纪淡海峡的航线，而真锅氏就在淡轮附近设置了"真锅关"，向这些路过此地的船只征收"帆别米"。也就是说，真锅氏以纪淡海峡为据点，从事着海盗活动。

尔后和泉细川氏没落，三好氏崛起。真锅氏便归顺在三好氏麾下。在天文十六年（1547）七月的摄津舍利寺合战中，贞成的祖父真锅贞行曾作为三好军出战，创下了号称"八百本之一番枪"① 的战功。到了永禄十一年（1568），织田信长入京，以守护代②松浦氏为首的和泉国众便归降信长。

在与大坂本愿寺进入敌对状态后，织田信长为了封锁大坂湾而青睐于真锅氏。根据《名臣传》中对贞成之父真锅贞友的记载，天正四年（1576），归顺于信长麾下的贞友负责守卫和泉大津城（位于今大阪府泉大津市），并获赐三千贯文的领地、部下千人，以及"每月千斤（重量单位，一斤约合六百克）弹药"的供给，充当着"大坂川口船手③"的角色。

---

① 意为"八百勇士中首建战功者"。
② 守护的代理职。
③ 即水军。

据《信长公记》（信长的弓众①太田牛一著，是一部可信度颇高的信长一代记）记载，天正四年五月，信长将真锅贞友与沼间氏等和泉国众部署在摄津住吉的要害之地，负责海上警备工作。这说明真锅氏被信长部署到了对大坂本愿寺的防卫岗位上。

据六月十八日的信长黑印状②（《释文书》）所载，信长命令真锅贞友与沼间传内等人共同切断大坂本愿寺的补给路线，并进行大坂湾的警备工作。另据同时期的有关史料（《日根野文书》）可以明确，当时贞友确实受信长之命封锁了海面。但贞友与沼间氏等人均战死于同年七月的木津川口之战中。

综上所述，真锅氏最初居于备中真锅岛，后徙于和泉淡轮，之后他们的据点又变成了和泉大津。在每个阶段，他们都受命于陆上的上级权力——守护、战国大名、"天下人"而进行海上警备等军事活动，并通过设置海关征收帆别米等税金。作为濑户内地区海盗世界中较为典型的海盗势力，他们就是如此活动的。

这里需要强调的是，海盗们是立足于"流通"的。在政治情势的变化中，与陆上领主不同，他们常常会转移

---

① 执弓者，战国时代以后的武士官职名。
② 加盖墨章的文书。朱印状即加盖朱印的文书。

自己的据点。后文中所讲的称霸濑户内地区的村上氏不也是在各地拥有多处据点、不厌其烦地转移居城的吗？这就是他们与那些竭尽全力也要保住领地的陆上领主之间的根本性差异。

2. 海盗大名的战斗

海战与火绳枪

真锅氏从信长处得到"每月千斤弹药"的供给，即每月获得约六百公斤的弹药，这是以他们配备和使用着相当多的火绳枪（当时记载为"铁炮"）为前提的。有意思的是，这也与织田水军的军事编制方式有关。

近年来对于中世时期武器的研究，不少都是从武器与政治史的关系出发来展开讨论，从而取得显著进展的。作为战国时代的代表性武器，有关火绳枪传入问题的争论非常引人注目。在这里概括介绍一下争论中颇具代表性的观点。

针对通行的"火绳枪于天文十二年（1543）经由漂流到种子岛的葡萄牙人传入日本"这种教科书式的说法，宇田川武久通过分析存世的火绳枪以及相关史料，认为火绳枪传入种子岛仅为一件个案。他指出，在此之前，东南亚地区的火绳枪已经被倭寇带入了日本。

　　与此相对，村井章介通过广泛而详尽地搜集史料，提出了这样的观点：天文十一年，晚期倭寇（主要由中国的走私商人组成）的代表人物王直用他的帆船将葡萄牙人带到了种子岛，东南亚地区的火绳枪亦随之传入了日本。

　　这些观点都很有意思。从这些观点出发，我们可以想象火绳枪曾通过各种各样的方式传到倭寇活动的琉球地区和环日本海各地。在此需要指出的是，人们认为最早接受火绳枪这种武器的地区正是海盗的大本营——濑户内海。

　　与弓（最远射程为三百八十米）相比，以火绳枪（最远射程为五百米）为代表的具备相当长射程的火器在海战中成了非常有效的武器。而与此相关，正如大友氏的著名大炮"国崩"一样，那些拥有水军的西国大名都曾积极地使用火器。

　　最早记述了使用火绳枪进行海战的史料是京都东福寺的僧侣所撰写的游记《梅霖守龙周防下向日记》。其中，天文十九年九月十九日的日记里记录了大意如下的内容。

　　　当日午刻（十二时左右），梅霖守龙一行人航行至备前①日比（位于今冈山县玉野市）附近的海面。

---

　　①　日本古代令制国之一，范围相当于现在的冈山县东南部以及兵库县、香川县的一部分。

有海盗船接近并与他们交涉，但以失败告终，于是发生了战斗。海盗使用弓箭攻击，他们以火绳枪迎战。故而海盗方有多人负伤。

在海战中射程较远的一方自然更占优势，所以火绳枪一定是在很短的时间内就在海上世界完全普及开来了。

后来在出征朝鲜时，大炮和火绳枪更成为海战中的主力武器（《乱中日记》）。著名的朝鲜海军将领李舜臣（1545～1598）正是在庆长之役（第二次万历朝鲜战争）的最后一次海战——露梁海战中遭火绳枪袭击而亡的（《惩毖录》）。

发生剧变的海战

大约在火绳枪传入二十年后，意欲征服濑户内海的织田信长与毛利氏之间的战争已经变得不可避免。正如前述，织田信长曾在天正四年（1576）七月于木津川口对战毛利、河野水军时一败涂地。但天正六年六月和十一月，信长在大坂湾两度对阵杂贺众①与毛利水军，均大获全胜。笔者从《信长公记》中将这两次海战的相关史料甄选出来，将其译为现代语，以此来研究其中的变化：

①　杂贺（位于今和歌山县）的佣兵集团。

史料 A 敌军在海上准备了名为"炮烙火矢"的武器，使我方船只进退维谷。他们不断投掷"炮烙火矢"，将我方船只烧沉。我方寡不敌众，七五三兵卫（真锅贞友）、（沼间）伊贺、（沼间）传内、野口、小畑、镰大夫、鹿目介以及其他多名身经百战的武将战死。西国（毛利、河野）军取得了这场战役的胜利，将军粮运入大坂本愿寺后撤军。

史料 B （天正六年）寅六月二十六日自熊野浦出航，开赴大坂。大船（铁甲船）行至谷之轮（淡轮）的海上时，无数来自杂贺、谷轮等海湾的小船靠近，意图拦截。小船以弓箭和火绳枪从四面展开攻击，它们尾随在七艘大船之后，排成"山"字状。九鬼右马允（嘉隆）假意招架，待将敌船引诱到附近，便下令大火绳枪一齐开火。大量敌船被击沉，之后再也无法靠近大船。七月十七日，船只顺利抵达堺港。

（中略）

十一月六日，六百余艘西国船侵入木津地区。九鬼右马允甫一迎战，对方便将其船包围，向南驶去。六日上午八时左右到正午时分爆发了海战。起初我方的九鬼军似乎难以防备敌人的进攻，但六艘大船上均配备了很多大火绳枪，故而九鬼故意吸引敌船靠近，之后发射大将军船上的大火绳枪将其击溃。敌军丧胆，不敢接近。九鬼军将数百艘船一直赶入木津浦。观战的人无一不对九鬼右马允的战功钦佩万分。

　　史料 A 生动地描述了天正四年七月那场海战的情况。从这段记述中我们可以得知，以村上氏为核心的毛利、河野水军兵力占优，包围了织田水军，再把炮烙火矢投入敌船，将之烧沉。也有军记物①记载，此次海战使用了诸如"大国火矢""烙镞箭""飞枪""火鞠""火桶""抛键""抛铧""抛炮礣""抛刺手"等各种各样的武器，毛利军在上风处利用这些武器将大量的炮烙火矢投向敌船（《中国兵乱记》）。

　　驾驶着小早等较为轻快的军船将敌船包围并使其孤立，再使用炮烙火矢进行攻击，这就是濑户内海的一般海战方式。所谓炮烙火矢，就是将黑火药与铁片、铅粒填充在素陶烧制的陶器里做成的球形燃烧弹。在战国时代与织丰时代，这种燃烧弹被广泛使用。后来人们还使用一种装着三根羽毛的火箭形的"棒火矢"，以火绳枪、大炮、木筒等媒介发射。一旦射中，其尖端部分的火药就会发生爆炸。

　　战死的真锅氏等织田水军属和泉国众，他们驻扎在和

---

　　①　日本中世、近世时期的一种记述战国武将和大名武勋、战绩的书籍。

泉大津等大坂湾的重要港口。然而，他们却惨败在了以濑户内海霸主村上氏为主力的毛利、河野水军之手，军粮也被敌人运进了大坂本愿寺。

在这之后，织田信长命令志摩国的海盗九鬼氏在伊势制造铁甲船——外覆铁板的安宅船，并令这些船经由熊野滩开赴大坂湾。从描写天正六年海战的史料 B 中可以得知，六月，为了阻止铁甲船到达大坂，杂贺和淡轮的水军在大坂湾南部的纪淡海峡附近将船队包围。虽然他们使用弓箭和火绳枪进行攻击，但被铁甲船上的大火绳枪击退。在十一月的海战中，大火绳枪也同样展现了强大的威力，将毛利、河野水军击败。

我们看到，仅仅间隔两年，海战中使用的主力武器便由炮烙火矢等小型火器变成了大火绳枪这种大型火器。而制造外覆铁板的铁甲船也并非仅仅为了防御炮烙火矢或火绳枪的攻击。根据《日本耶稣会通信》记载，铁甲船上装备着三门大炮。所以这样的改造同时也是为了使其能够搭载足以击破敌方军舰的舰载炮。

"肥前①名护屋城图屏风"（一对六扇屏风，一般认为其上的图画是狩野派画家狩野光信所绘的画稿或摹本，现藏于佐贺县立名护屋城博物馆）上极为细致地摹画了多

---

① 日本古代令制国之一，范围相当于现在的佐贺县和长崎县。

年之后出征朝鲜时的攻击基地——肥前名护屋城的景象。其中，我们能看到织丰时代安宅船的样子——船上似乎建起了三层或两层的天守①形高层建筑物。

这些高层建筑物似乎不仅是司令官的居所，同时也是一种权威的象征。船上是帆、橹并用的。据说小船上的橹有五十支，而大船上的橹能达到一百五十支以上，其规模相当于五百石至两千石②的船。船侧有许多射口，舰载炮从中伸出进行射击。

以这样的构造来看，作为旗舰的安宅船应该不会拥有很快的速度。它是在关船、小早等船只的簇拥护卫之下奔赴战场的。如果把安宅船比作现代的战列舰，关船则是巡洋舰，而小早就是驱逐舰。海战一步步地发生变化——火力的优劣逐渐取代了敏捷性，成为决定胜负的主要因素。

正如陆地上以在高大石墙之上筑起天守、隅橹（角楼）为特征的织丰系城郭步入了全盛期一样，海上也毅然迈入了"海上织丰系城郭"的时代——在巨大的船体上建起高层建筑，并从中发射大量火器对敌方船舶发起攻击。

面对悄然来临的"大舰火器时代"，那些曾作为海上

---

① 天守是战国时代象征城堡的建筑物，在军事上有关楼和瞭望塔的作用，也是城主的居住之地。

② 明治以后日本对船只进行计量的单位，十石相当于一吨。这里的石与作为土地计量单位的"石"无关。

战士而积累下独特本领的海盗势力却没有足够的资本实力来适应时势。濑户内海的主角从村上氏等海盗势力变成了拥有强大资本实力的丰臣系大名，这一戏剧性的过渡正是在上述背景之下完成的。

海盗大名河野氏

目前认为最早记录三岛村上氏的史料是贞和五年（1349）京都东寺账簿中涉及能岛村上氏的"野岛酒肴料"（《东寺百合文书》）。从这一文献中我们可以看到，能岛村上氏成了警备那些侵占东寺下属庄园的不法之徒的海盗势力。然而到了十五世纪中期，他们又成了遭人非议的庄园侵占者。所以海盗们虽然会被上级势力雇去保卫庄园，但平素的他们仍然是会侵占他人庄园的中世海上武士集团。

战国时代末期那位著名的村上武吉，曾在家中内乱时得到了叔父村上隆重的支援，击败了他的堂兄村上义益以及支持义益的来岛通康，成为村上家的首领。村上义益病死之后，村上武吉旋即与来岛通康讲和，并迎娶通康之女为正室，以此获得了三岛村上氏首领的地位，作为家中重臣辅佐河野通直（牛福）。

继能岛村上氏之后有史料记载的是因岛村上氏。应永三十四年（1427）十二月十一日，足利义持曾给村上备中入道（吉资）颁发了御内书（以幕府将军信件的形式颁发的公文书）形式的军功状① （《因岛村上家文书》）。
这被认为是最早记载因岛村上氏一脉的文献。到了永享六
年（1434），山名氏曾推荐"备后海盗村上"担任遣明使
船的警卫工作。这个"备后海盗村上"就是因岛氏。

　　而以来岛为据点的来岛村上氏最早出现在大永四年
（1524）的"大滨八幡神社（位于今今治市）栋札②"
中。后来在河野氏发生内乱时，来岛通康曾将河野氏首领
河野通直（弹正少弼）保护在来岛（天文伊予之乱）。通
直将河野氏家纹"折敷三文字"赐予通康作为报答，并
将来岛氏纳入河野氏同族。江户时代久留岛氏历代首领
（丰后森藩第二代藩主通春以后的来岛氏改称久留岛氏）
的名字均以"通"作通字③。

　　虽然三岛村上氏的相关史料被认为是从室町时代开始
出现的，但无疑在这之前他们早已有所活动。作为海盗，
村上氏三家理论上都奉河野氏为主家。河野氏起源于越智
氏，与供奉海神的大山祇神社（位于今今治市，是伊予国
地位最高的神社）的神主大祝氏同根同源。这样，作为海
盗之首的海盗大名河野氏的形象便清晰地浮现出来了。

---

　　① 原文为"感状"，指对于在军事上立下特殊功勋的家臣，大名为评
　　　　价、赞赏其功劳而制定的公文。
　　② 记载建筑物由来、相关人员以及建筑时间的牌子。
　　③ 在日本一些家系中，每一代都会在名字中使用的字。

往往有观点认为，海盗们唯利是图、不讲情面，故而主从关系较为薄弱，属于类似佣兵的存在。他们确实唯利是图，纵观整个战国时代，海盗们一直徘徊在大友氏、大内氏、毛利氏、浦上氏、三好氏等势力之间。

然而另一个不容置疑的事实是，尽管在个别时期海盗们出现过与河野氏敌对的情况，但他们仍然一直奉伊予守护河野氏为主家。我们必须以这一点为前提去理解他们的行动。而在濑户内海区域之内，具有代表性的海盗大名正是将村上水军纳入家臣集团的河野氏。

譬如，前文提及的足利义昭赐予河野通直的军功状正是对村上氏在木津川口之战中所建军功的表彰。特别是来岛氏曾在来岛通康一代作为河野通宣（左京大夫）之重臣而权势显赫，并建立起河野氏一门众的地位。以备后因岛（最终以青阴城为居城）为据点，地理位置靠近山名氏、大内氏、毛利氏的因岛村上氏也同样获得过伊予守护河野教通颁发的军功状（《因岛村上家文书》）。

编成家臣集团

下面介绍战国时代中期河野氏家臣集团的构成情况。表1展示了天文年间（1532～1555）河野氏家臣集团的具体情况。其内容出自《南行杂录》中的"河野弹正少弼通直御下之众少少记录"。

表1　天文年间河野氏家臣集团

（旗本众,12人）
同名十郎　南彦四郎　松末筑前守　土居右卫门大夫　土居伊豆守
枝松由并　栗上五郎　栗上因幡守　栗上但马守　栗上采女正
戒能伊贺守　别府宫内少辅

正冈众（25人）
正冈周防守　中河三郎右卫门　门真三郎兵卫　正冈九郎三郎
中河藤右卫门　得重石见守　北美浓守　中西左卫门佐（久万）　向筑前守
正冈左卫门　门真六郎兵卫　大祝日向守　渡边新左卫门（增本）
中河备中守　目见田左马助　高山藤藏人　高山和泉守　宫山三郎左卫门
正冈弥九郎　伊崎又二郎（小山）　高桥二郎三郎　别宫九郎兵卫
别宫右马允　町田彦九郎（关屋）　久万出云守

难波众（27人）
得居治部少辅　重见藏人大夫　高田若狭守　尾越助右卫门
尾越四郎卫门　得见兵库助　浅见和泉守　久几田四郎兵卫　目见田修理助
玉井备前守　宇佐美治部少　二神隼人佐　二神孙右卫门　二神新左卫门
二神和泉守　二神越后守　二神修理亮　国弘源左卫门　国弘左近允
末房宗五郎　吉原新右卫门　吉原式部少　出羽　宫胁　武任备后守
武任修理进　行元又四郎

岛众（13人）
村上　今冈民部大辅　村上右卫门大夫　东左近大夫　岩城左卫门大夫
东条藤兵卫　村上和泉守　村上源四郎　村上源三郎　村上右卫门
村上备后守　今冈治部允（小岛）　村上河内守

下岛众（7人）
忽那新右卫门　忽那丰前守　寺町　武市　丹下　忽那田　矢野兵库助

志津川众（14人）
和田山城守　和田兵库助　有冈　中木原　洼田越前守　久保　大西
平冈尾张守　平冈上野守　锦织石见守　水口大炊助　垣生肥前守
垣生左卫门尉　桑原

周布郡、桑村郡众（2人,史料中将其纳入"志津川众"里）
黑川备后守　壬生川摄津守

两村众（17人）
大内　久枝肥前守　村□藤右尉　高松美浓守　栗田　福角　尾贺部
泽田　中西　井上　久保源左卫门　北东但马守　西畠　小渊　前河
和介　村上彦右卫门尉安

关于这一史料，虽然其作者和成书年代均不明确，但可以根据天文年间的相关史料确认表中的人物。可以判断，这一文献大体可以揭示当时的实际情况（『愛媛県史古代Ⅱ・中世』）。

当然，以表中的人数构成来看，其中只不过收录了风早郡、越智郡、和气郡、久米郡的部分内容，并未展现河野氏家臣集团的全貌。这是由于天文年间，河野氏首领通直与他的养子河野晴通关系不好，各自颁行公文，家中处于分裂状态。

实际上，表1中漏掉了浮穴郡的平冈氏与伊予郡的垣生氏这两个崛起于末代家主河野通直（牛福）一代的家中重臣。但我们可以根据河野氏菩提寺以及高野山上藏院中保存的《河野家御过去帐》（现藏于高野山金刚三昧院）的内容了解通直时代家臣集团的情况。这部文献收录了除宇摩郡、新居郡之外的伊予国诸领主的姓名，而其中大部分都是在道后平原南部的浮穴郡、伊予郡拥有势力的领主。

天文年间，表1中所示的旗本众均来自河野氏一族或谱代众①。其后在"众"前冠以地名的组织被认

---

① 谱代指数代侍奉同一个领主的家臣，他们比一般家臣更受主家信赖。

为是国众（即国人领主、土豪阶层）一揆。正冈众、难波众是风早郡的国众，岛众为越智郡岛屿的海盗势力，下岛众是忽那群岛的海盗势力，志津川众为久米郡、浮穴郡、桑村郡的国众，两村众则为和气郡的国众加上来岛村上氏与能岛村上氏两家海盗势力的联合组织。

河野氏家臣集团虽然仍以一门众为核心，但也展示了河野家在伊予中部的道后平原上拥有广泛的地缘关系。毕竟像村上氏、忽那氏、二神氏等海盗在其中所占的比例是相当高的。这就是其家臣集团的特征。对于其军事编成使陆海战同时进行成为可能一事，笔者在此暂且不做分析。

河野通直的亲缘关系

近年来，西尾和美的研究详细地阐明了战国时代末期河野氏婚姻关系的情况。笔者参照这一成果，绘制了毛利氏、河野氏、村上氏之间的关系简图。

一看便知，我们可以说河野氏与毛利氏以及海盗村上氏和来岛氏之间存在亲戚关系。通常人们认为河野通直（牛福）为河野氏同族池原通吉之子。但西尾认为，通直为来岛通康与其正室——毛利元就的外孙女、宍户隆家的长女所生。

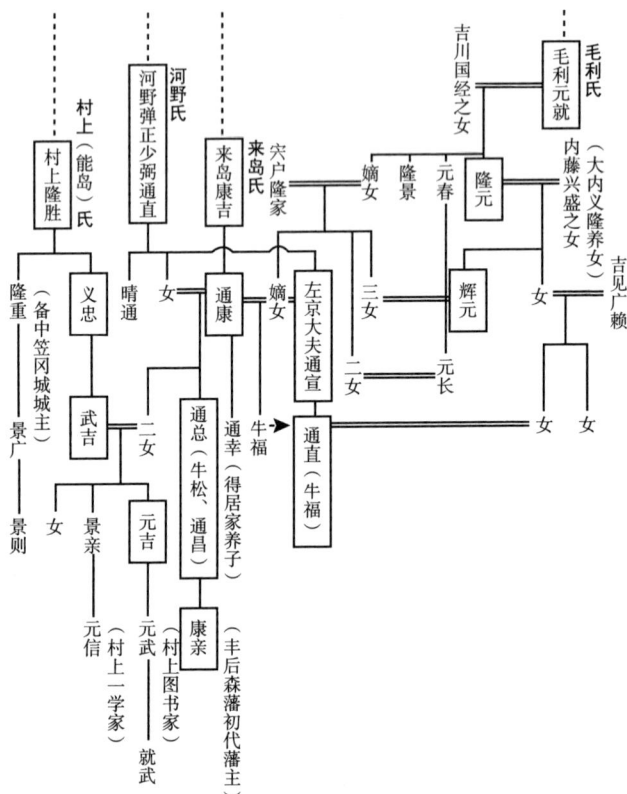

毛利氏、来岛氏、河野氏、村上氏关系简图
（框内为各家首领之名）

永禄十年（1567）十月，来岛通康去世。之后他的正室改嫁河野通宣，可以推想，这是出于拥立通直成为河野氏首领的考虑。虽然通直就任家督一事使河野氏更加亲近于毛利氏，但此后的天正九年（1581），重臣来岛通总

（牛松）与织田信长通好，让河野氏的外交方针出现了龃龉。

作为河野通宣的重臣，来岛通康在汤筑城中拥有自己的宅邸。参照《予阳河野家谱》中"（来岛）通康（中略），移居汤筑城，设邸于本城西山麓（中略），有一井，俗称来岛井"一文，有观点认为河野通宣甚至曾将城郭西侧家臣集团居住区的大部分区域都赐给了来岛通康。

按照西尾的说法，通直和通总都是来岛通康之子，他们是同父异母的兄弟关系。而且通总的母亲是弹正少弼通直之女。所以可以说，通总成为河野氏家督继承人的可能性与通直相同甚至较其更大。

通直在天正九年迎娶了石见①国人吉见广赖之女（毛利辉元的外甥女）。天正十年以后，毛利、河野两氏合为一体的趋势愈发明显，河野氏重臣、与毛利氏关系相当亲密的荏原城城主平冈氏以及与毛利氏有姻亲关系的村上氏在家中也拥有了很大的发言权。他们经常"参汤"，即登临汤筑城，连毛利氏和小早川氏的家臣也能在那里暂住。

当时通直会给家臣颁发判物②形式的军功状，也允许重臣平冈氏和垣生氏制定奉书（以家臣的名义记录大名

---

① 日本古代令制国之一，范围相当于现在的岛根县西部。
② 日本室町时代到江户时代的一种公文，常用于较为重要的文件。

意旨的公文）。这里的判物与奉书所代表的两个文件系统，正是战国时代守护大名所使用的公文形式。

通直将村上氏等海岛领主以及平冈氏等割据于道后平原南部及山区的山地领主编入家臣集团。如后文所述，他还与统治整个宇和郡的领主西园寺公广（与藤原北家闲院流为同族，是门第相当于清华家①的公家②西园寺家的重要支系）以及领导新居、宇摩两郡而崛起的金子氏（与原籍武藏③入间郡的金子氏为同族，是得到新居乡地头④的职役后迁居而来的当地领主）建立了亲密的关系。从以上情况就可以看出，通直在拥有毛利氏这一权力背景的同时，在伊予一国内也拥有前所未有的广泛影响力。

到了天正年间，村上武吉疏远了之前亲近的丰后大友氏与备前、美作⑤的浦上氏，与主家河野氏和毛利氏进一步深化了关系。特别是与毛利氏的通好，可以说是让村上武吉得以将势力伸入东濑户内海地区的原因。正如下一章将要详细讲述的，在天正十年水攻备中高松城之时，村上

①　公家门第的一种。门第在最高位的摄关家之下，大臣家之上。
②　为天皇与朝廷工作的贵族、官员的泛称。
③　日本古代令制国之一，范围相当于现在的东京都、埼玉县和神奈川县的一部分。
④　日本中世时期的一种职衔，负责庄园的征税、兵役、防卫等工作。后随着职权扩大而演变为领主。
⑤　日本古代令制国之一，范围相当于现在的冈山县东北部。

氏与信长之间的敌对更加激烈。而此时，在秀吉的策反下，村上一族内部围绕着海盗们的前途问题出现了很大的分歧。

温泉与朝圣的城下町

1989 年，爱媛县埋藏文化遗产中心开始发掘调查河野氏的本城汤筑城，发现了大规模的城郭遗址。在汤筑城遗址中，所有的家臣集团居住区内都出土了高级进口陶瓷器，而上级家臣集团居住区内则发掘出了青瓷盘和香炉等。由此可知，来自中国、朝鲜、泰国、越南等东亚及东南亚各国的陶瓷器等文物曾大量流入道后地区。

经过长期的保护工作，汤筑城遗址终于在 2004 年 4 月被建成历史遗址公园，同年 9 月又被指定为国家历史遗址。目前公园中的汤筑城资料馆中有出土文物展览，同时，为了展示复原后的两栋武士宅邸与外壕土垒的结构，还设置了土垒展示室。通过这些展览，旧时宏大的城郭、往昔的繁华景象就鲜活地浮现在我们眼前了。

与其他战国城下町相比，汤筑城城下町的最大特征是将道后温泉（被称作日本古代三大温泉之一）和参拜圣地也纳入其中。城下町附近坐落着四国八十八所圣地之一的石手寺以及宝严寺。延应元年（1239），河野通广之子、后来成为净土教时宗创始人的一遍智真就出生在宝严寺。这两座寺庙中云集着从各地前来参拜的朝拜者。镰仓时代以来，道后地区已经成为类同首府（今治市）的伊予国政治、宗教中心。

据说，河野氏意识到了汤筑城是一座能够将人力和物资集中起来且具备强大经济实力的都市，故而在十四世纪末将大本营从风早郡河野乡迁往汤筑，并将原先的城郭改建为守护所①。由此，伊予国中颇具代表性的城下町便在温泉胜地道后形成了。

到了织丰时代，道后城下町中建起了教会，西班牙和意大利神父也居留其中。他们以教会为据点开始进行传教活动，看到了以石手寺为代表的"一些美丽的寺院"和鳞次栉比的"彰显高贵与华丽"的宅邸群。他们认为这里"可谓日本物价最为低廉的处所之一"，非常关注当地颇具活力的经济活动（フロイス『日本史』）。

濑户内地区流通产业的发展植根于村上氏等海盗势力的活跃，而道后地区如此强大的经济实力在很大程度上是得益于此的。

本章中，笔者条分缕析地讲述了濑户内地区的海盗世界。对于将在下一章登场的秀吉来说，濑户内地区是一个与东国地区迥然相异的崭新世界，他则要为如何收降主宰

---

① 守护居住的城馆。

着这个世界的海盗势力而费尽心力。在这个挟山带海的濑户内地区，海盗势力不但对陆海地理条件十分熟稔，敏锐的情报搜集能力同样造就了他们出色的商业才能。而秀吉则必须在此经受一场磨炼后，方能踏上他的问鼎天下之路。

第二章　秀吉的策反

1. 双重政权

将军逃命

说起战国时代末期给濑户内地区的海盗世界造成很大冲击的事件，无论如何都要提到天正四年（1576）将军足利义昭逃亡到备后鞆之浦一事。而此前一直避开与织田信长爆发战争的毛利氏终于开始参与问鼎天下的政治斗争。与毛利氏有同族关系的河野氏同样被卷入了不可避免的历史潮流。

河野氏站在支持"鞆幕府"的立场上，表明了反对信长的态度。但这是在天正八年发生的事情——此时随着大坂本愿寺势力的退出，信长包围网①已经遭到了决定性打击。在信长的"朝廷"占优势的情况下，秀吉的策反工作不但影响到了毛利氏，甚至已经渗透到了河野氏家臣之中。从此，海盗大名们对于去留进退问题真正地感到苦恼起来。虽然有些绕远，但我们还是从濑户内地区的政治状况开始来概观这一过程。

元龟四年（即改元后的天正元年）七月，足利义昭在宇治槙岛城（位于今京都府宇治市）起兵，但遭到信长军队的攻击，在其妹夫河内若江城城主三好义继的庇护下逃亡。从明治时期新政府下令编修日本国史开始，人们都将这一事件看作信长放逐足利义昭、室町幕府灭亡的标志。于是，人们从未将此后的足利义昭看作"失势者"或"前任将军"进行讨论和评价。

但在此之前，也发生过数次管领等实权人物放逐将军的事件。比如义昭之兄、室町幕府第十三代将军足利义辉，就曾在天文二十二年（1553）八月于京都灵山城（位于今京都市东山区）与三好长庆作战，战败后逃到近江②朽木谷（位于今滋贺县高岛市）。

虽然三好长庆已经放逐将军，三好政权也随之正式成

---

①　部分大名组成的针对织田信长的军事联盟。信长包围网共有三次，这里指的是第三次信长包围网。

②　日本古代令制国之一，范围相当于现在的滋贺县。

立，但我们自然不能将这一事件看作室町幕府灭亡的标志。因为在此后的永禄元年（1558）十一月，三好长庆与足利义辉达成了和解。对于长庆来说，他无法谋划设计出一个足以替代幕府的独立政权。

战国时代足利将军继承图（数字为继承顺序）

同样，在足利义昭的放逐事件中，织田信长也无法当即灭亡室町幕府。因为仅仅在四个月之后，即天正元年十一月，双方便围绕义昭的待遇问题在和泉堺进行了谈判。毛利氏使僧（外交僧）安国寺惠琼、奉信长之命的秀吉以及足利义昭本人出席了会谈。会谈中秀吉向对方表示，信长同意毛利氏让义昭还京的请求。但义昭提出了希望信长交出人质的要求，故此谈判破裂。

此时的京都周边地区仍然有反对信长的势力在活动，信长对此也十分忧心。后来他将羁留在槙岛城的义昭方人质——年仅两岁的义昭之子（后来的足利义寻）奉为"大树（将军的汉名）若君"并加以庇护和拥戴，也是在这种情势下做出的选择。

正是由于织田信长表明了他在不久的将来会扶保幼君上位的意愿，所以才避免了让周边各大名得到群起发难的出师之名。故而笔者不愿将放逐义昭一事看作信长否定幕府的标志。

而毫无疑问，直到足利义昭在天正十六年正月落发成为准三宫（准三宫与准三后都是给予皇族和贵族的称号，类同于太皇太后、皇太后、皇后的三后称号）之前，他都拥有将军之位（公卿补任）。不可否认的是，在织田信长有生之年，义昭一直通过对各大名发出军事动员、任命以京都五山①为首的各大临济宗寺院的住持等方式，行使着室町幕府将军的固有权力。

仅凭以上事实，我们就能明白历来的"天正元年幕府灭亡说"是错误的。这种偏袒信长一方的历史观点——仅从此后足利义昭没能成功返京复兴幕府这一结果出发，就认为此时幕府灭亡、织田信长力图揭幕一个新的时代——是无法站住脚的。

我们应当始终站在当时人们的视角，在对当时幕府的具体情况进行分析的基础上做出评价。哪怕是通览一下勤于动笔的公家和僧侣所写的日记一类的文献，也会发现在当时没有一个人认为幕府已经灭亡。而事实也正是如此。包括研究者在内，我们现在应该摆脱那种长期以来的错误观念了。

谈判破裂后，足利义昭选择逃往纪伊国，中途于有田郡宫崎浦（位于今和歌山县有田市）的宫崎氏处落脚，后又选择在日高郡由良（位于今和歌山县由良町）的临济宗法灯派寺院兴国寺里暂住。

这座寺庙是葛山景伦为源实朝②和北条政子③祈祷冥

---

① 京都五所著名的佛教临济宗寺庙的合称，分别是：天龙寺、相国寺、建仁寺、东福寺、万寿寺。
② 源实朝（1192～1219），镰仓幕府第三代将军。
③ 北条政子（1157～1225），镰仓幕府开创者源赖朝之妻，实朝之母。后掌握幕府实权，被称为"尼将军"。

福而建的古刹，故此与源氏颇有因缘。景伦请来与他关系很好的心地觉心（法灯国师）作为寺庙的开山之祖。天正元年十二月十一日，足利义昭命令占据附近龟山城（位于今和歌山县御坊市）的幕府奉公众汤川直春为其尽忠（《后鉴》）。奉公众是将军的亲卫队，是相当于江户时代旗本的高级武士。

足利义昭转移到纪伊便是直接托庇于汤川氏。其后，据说他停留在汤川氏属下的分城纪伊泊城（位于今和歌山县田边市）。义昭将他的据点逐步向南方移动，虽然也有对战局恶化这一事态的考虑，但同样可以认为他是在有意识地向熊野三山（熊野本宫、熊野新宫、那智大社）靠近。

转移据点后，足利义昭立即致力于强化信长包围网。为此，他不仅向纪伊国内诸势力请求协助，还全力促使上杉谦信、武田胜赖、北条氏政缔结军事同盟。天正二年三月，义昭还给河野通直送去御内书，要求通直效忠并支持他上洛。

天正三年四月，河内高屋城城主三好康长臣服信长。同年五月，武田胜赖在长篠之战中惨败于织田、德川联军。八月，越前[①]一向一揆瓦解。十月，大坂本愿寺与信

---

① 日本古代令制国之一，范围相当于现在的福井县的岭北地区以及岐阜县的一部分。

长缔结和约。

畿内地区的战局如此恶化，足利义昭只得决意退往毛利氏领国，也就是转移到备后鞆之浦。对于织田信长来说，他终于取得了可以建立一个独立的东国地区政权的条件。同时颇具现实感的是，从此之后信长便与毛利氏为敌，开始向西国地区进攻。

"鞆幕府"的警备

天正四年（1567）二月，离京逃到鞆之浦的足利义昭在小松寺停留后，控制了该地附近的常国寺·(位于今广岛县福山市熊野町)、津之乡（位于今福山市津之乡町）等几处据点，而其中心据点就是鞆御所①。根据推定，鞆御所被建在现在的鞆城遗址的一角。

这就是足利义昭被称作"鞆公方②"的缘由。站在这个能够俯瞰鞆之浦全境的要地眺望，从香川县丸龟市到爱媛县今治市尽在视野之中。义昭当然要掌握住这个可谓鞆之浦标志的地点。

据说是曾覆盖在御所屋顶的大型兽头瓦（桐纹，宽五十五厘米、长八十七厘米）现保存于在鞆城遗迹上修

---

① 日本天皇或大臣、将军等的住处。
② 公方是镰仓末期至室町、江户时代对将军的尊称。

建的福山市鞆之浦历史民俗资料馆之中。如果这个说法正确，那么根据瓦的大小来推断，御所之中应该营建过大规模的建筑物。有人指出，在城郭遗址残存的一处被称为"申明亭"的地方留有枯山水①风格的庭院遗址，这也与义昭有关。推定鞆御所位于此地的根据便是这些鞆城原有建筑。

与御所咫尺相隔、在其南方约三百米的地方便是守卫鞆之浦的大可岛城。在配置上，我们应该将这座城与御所视作一体关系。城主是因岛村上氏同族的村上祐康，他成为足利义昭的直属家臣后负责这一行人的警备工作。作为赏赐，义昭赐予他"白伞袋""毛毡鞍覆"等物品，这在室町时代象征着守护或守护代级别的荣誉（《因岛村上文书》）。

义昭选择鞆之浦的理由有很多。我们可以根据他与海盗的联系来推测出义昭与前文中的熊野三山的关系。这是因为义昭在兴国寺暂住之后随即与熊野的势力进行了接触。笔者注意到鞆之浦一带曾是那智山御师②的祭坛之所，因此推测义昭在转移到鞆之浦时曾借助熊野水军的力量。而且，濑户内海地区的一大道场——鞆之浦安国寺的

---

① 日式园林中不用水而以砂石营造山水趣味的微缩景观。

② 在特定神社中负责接待参拜者的人。

前身金宝寺，与兴国寺的开山之祖同样都是心地觉心，这也是一条颇具暗示性的信息。

近臣、大名众、奉公众、奉行众①、同朋众②、猿乐众③、侍医、马夫等随行者至少有五十多人，加上他们的同族和家臣集团，总计有一千多人生活在御所周边。还有以侧室春日局和乳母为首的女性们也随侍而来。与滞留纪伊时迥然不同，这里呈现的是正规幕府的生活样态。所以，笔者在此要将义昭将军在鞆建立的流亡政权称作"鞆幕府"。

正如过去足利义晴、足利义辉父子逃到近江朽木谷时接受了当地的奉公众朽木氏提供御所等各种援助一样，足利义昭不仅接受了毛利氏、河野氏等西国大名的支援，而且也得到了以村上祐康为首的濑户内地区海盗势力的支持。

即便到了战国时代末期，对于地方武士来说，现任将军仍旧拥有莫大的权威。战国大名以下的实力派领主利用守护等官职赋予自身权威性，反而导致室町时代的权威制度渗透到了地方社会。义昭通过将幕府设置在濑户内地区的要冲鞆之浦，促使村上水军参与木津川口之战。村上水军实际上已经变成了"鞆幕府"的水军。

---

① 又称"右笔方"，室町幕府官职名，负责执掌法律。
② 室町幕府官职名，在将军身边伺候，负责艺能、茶事、杂务等。
③ 表演"猿乐"（日本一种传统艺能）的人。

幕府的存续

　　足利义昭为了战胜信长、成功返京，向以安艺郡山城（位于今广岛县安艺高田市）为大本营的战国大名毛利氏请求援助。但最初毛利氏对庇护义昭一事表示为难。这是因为毛利氏希望规避参与中央政局斗争的风险。

　　而最晚在足利义昭转移到鞆之浦不久后的天正四年（1576）五月，毛利氏便已经决意支持义昭将军的上洛之战。这是因为在前一年，由大友氏组织的毛利氏包围网已经瓦解，其给毛利氏造成的威胁随之消除。加之企图振兴尼子氏而继续顽抗毛利氏的尼子胜久等邻近播磨、丹波①等地的各方势力也都投靠了织田信长，毛利氏的主要敌人已经从西部转移到了东部，其支持义昭的决意也正是出于这一点的考虑。

　　被任命为副将军的毛利辉元在足利义昭发出的御内书中加入附信，将义昭的命令通报给上杉氏等反信长派战国大名以及毛利氏家臣集团，为准备上洛之战展开了行动。毛利氏成为将军家的直接支持者。例如，天正四年六月，

---

　　① 日本古代令制国之一，范围相当于现在的京都府中部、兵库县东北部和大阪府北部。

辉元写下附信，将义昭的命令下达给以熊谷氏为首的毛利家重臣。就笔者所见，辉元寄发的附信数量仅次于将军的近臣真木岛昭光。

天正四年以后，毛利氏作为"鞆幕府"的副将军，家族地位急速提高。此时的毛利氏已非单纯的战国大名，同时也成为传统意义上的"朝廷"一翼，站在了与各大名进行交涉的官方位置上。但遗憾的是，目前还鲜有人意识到这一点。

关于这一点，可以参考小早川隆景在天正七年三月十六日的书信。在足利义昭移驾鞆之浦后，以前并不知晓毛利元就、隆元父子的远方战国大名都开始与毛利氏联络，隆景认为这是莫大的荣誉（《毛利家文书》）。

此前，毛利氏迅速崛起，其权力也逐渐强大起来。然而由于毛利氏并非出身于守护或奉公众，其权威的合法性问题尚未解决。所以就任副将军一事才真正使得毛利氏进入各大名所承认的实力大名行列。战国时代的权威与权力并非单纯的正比例关系。

日常在足利义昭身边负责制定御内书附信和担任使者的最高级别近侍以真木岛昭光为首，再加上一色昭秀和上野秀政二人为核心人物。这三人都是奉公众出身，从在京都时起就已经追随义昭。

跟随义昭逃到鞆之浦的大名有北畠具亲（出身于

伊势国司①家）、仁木义政（伊贺②守护）、武田信景（出身于若狭③守护家）、内藤如安（出身于丹波守护代家）、六角义尧（即义治，出身于近江守护家）等人以及他们的同族，这些人自室町时代以来担任过国司、守护、守护代等职位。其中还有像六角氏这样作为义昭上洛先遣队而出战（《谈山神社文书》）的自带家臣集团的大名。

确实，以足利义昭为首脑的幕府成员多为曾遭信长放逐的出身高贵之人。因此有观点认为，我们无法对"鞆幕府"进行政治性的评价。但笔者很难赞同这种观点。从河野氏开始，岛津氏、上杉氏等各守护系大名及其重臣经常将昂贵的贡品进献给"鞆公方"足利义昭，这可以作为探讨这一问题时的参考。下面介绍一下被推测是河野通直在天正四年以后进献的贡品。

通直派遣麾下的村上水军，与毛利氏一同参加了天正四年的木津川口之战。除承担这种兵役之外，他还向义昭进献了表 2 中的贡品。其中还能看到一百两白银和两千疋④铜钱这样的昂贵之物。

---

① 古代和中世日本，中央派到地方行政单位的行政官僚。
② 日本古代令制国之一，范围相当于现在的三重县西部。
③ 日本古代令制国之一，范围相当于现在的福井县西部。
④ 日本镰仓时期到江户时期使用的货币计量单位，100 疋 = 1 贯（1 疋 = 10 文）。

表2　河野氏向义昭将军进献之物（出自《河野文书》）

日期	贡物	备考
四月一日	太刀一把（国次）、铜钱二千疋	
四月一日	太刀一把、马一匹	进献给将军近臣真木岛昭光之物
四月四日	鹘鹰一只	
四月四日	鹘鹰一对、樽五种五荷*	
八月六日	太刀一把、马一匹	进献给将军近臣真木岛昭光之物
八月六日	樽三种三荷	
八月六日	太刀一把、铜钱二千疋	
八月六日	太刀一把、银子一百两、五种十荷	
八月六日	太刀一把、银子一百两、五种十荷	

注：＊“种”在此处代指礼品菜肴，五种即五种礼品菜肴。一荷是一担前后两件货物的意思，樽五荷即为容量为一斗的酒樽共十樽。——译者注

　　岛津氏也经常向义昭进献贡品。例如，天正六年夏天，岛津义久将在琉球地区贸易所得、被认为是中国明朝所产的高级生丝“白丝五十斤（三十公斤）”进献给义昭。

　　这些事实表明，将军的权力仍然居于以毛利氏为首的河野氏、岛津氏等西国大名之上。如果足利义昭身上仅剩下所谓的“权威”，那么这些大名一定不会如此尊奉他。而对于这些大名来说，倘若无利可图，他们也是不会这样做的。

织田与毛利的停战谈判

从天正四年（1576）到天正八年天皇敕令织田信长与大坂本愿寺媾和为止，权势如同将军的信长与尊奉足利义昭将军的毛利氏之间的激战达到了最高潮。无疑，我们可以说当时的日本处于双重政权的时代。自然，我们对于"鞆幕府"的实力也要进行阶段性的评价。

这个时期的足利义昭利用自身的外交能力促成战国大名之间的停战、策反信长一方的大名，并将他们的军队动员起来参与对织田信长的作战。后来丹波的波多野氏和赤井氏、播磨的别所氏和小寺氏等，甚至包括曾为信长重臣的摄津的荒木氏都开始拥奉义昭，与大坂本愿寺、毛利氏联合起来形成了信长包围网。

东国地区的武田氏、北条氏和北国地区①的上杉氏同他们的行动遥相呼应。毛利氏拥戴义昭与信长对抗，以此在摄津、丹波以西形成了一个囊括四国北部以及北九州的前所未有的广大势力范围。

天正七年，毛利氏的势力圈内部出现了致命的阴云，那就是备前的宇喜多氏与伯耆②的南条氏的叛离。这使信

---

① 即北陆道。包括若狭、越前、加贺、能登、越中、越后、佐渡这七个令制国。

② 日本古代令制国之一，范围相当于现在的鸟取县中、西部。

长一方得以在山阳路和山阴路①钉入"楔子"。所以我们进一步考量"鞆幕府"的军事实力时，应将天正八年的敕命媾和使得大坂本愿寺脱离信长包围网一事看作一个重要的分水岭。

根据山本浩树最近的研究，我们得知在敕命媾和之后不久，信长便跳过秀吉，直接尝试与毛利氏开展停战谈判。此前，安国寺惠琼五月十二日致安艺严岛神社神官棚守房显的书信（《卷子本严岛文书》）被认为是写于天正四年，而山本浩树在对书信内容进行仔细斟酌的基础上，推定该书信的写作时间为天正八年。上述说法也是在这一推论中引申出来的。

书信中记载，受命于信长的丹羽长秀和武井夕庵向毛利氏提出了"操之趣三通（三项政治工作）"的条件，在毛利辉元和小早川隆景的首肯下，毛利氏一方的安国寺惠琼动身前去进行和平谈判。

"三项政治工作"指的是：毛利辉元与小早川隆景专心应对与宇喜多氏的战争；主张与织田作战的吉川元春之子与信长之女联姻；也许是作为前面两条的补偿，最后一项内容是信长一方承认足利义昭"西国公方"的地位。

---

① 即西国街道和山阴街道。街道是日本古代由中央政府进行建设和整修的道路。

为了实现上述目标，近卫前久、劝修寺晴丰、庭田重保、松井友闲、村井贞胜都曾与毛利氏重臣口羽通良有过接触。明智光秀派遣的使者也曾向口羽通良传达信长的意见："一切均乃表里者（背叛之人）宇喜多之过，望促成与此方（毛利方）之议和。"

根据上述内容，山本浩树尖锐地指出：当时织田信长本人对于继续进行与毛利氏的作战并不积极，他在外交谈判上摒除了主张与毛利战斗的秀吉和宇喜多直家，致力于让双方重归和平。所以信长与秀吉之间并非毫无嫌隙的。通常人们认为秀吉能够代表织田政权的西国政策，但其地位出人意料地脆弱。

在此需要注意的是信长针对秀吉-宇喜多阵线而设的同毛利氏接洽的窗口。丹羽长秀和明智光秀作为信长的重臣曾在其中扮演了重要的角色。天正八年八月大坂本愿寺烧毁之后，丹羽长秀作为大坂城城代①参与了筑城工作，还担任了将在天正十年六月出兵的四国征讨军的副司令官。明智光秀则自天正三年起一直负责信长与长宗我部氏之间的沟通工作。他自己也与毛利氏进行联络，促使双方达成和解。

近卫、劝修寺、庭田均为公家，他们曾尽力促成当年

---

① 城主外出时负责代理城内事务的家臣。

丰臣秀吉与海盗大名

闰三月大坂本愿寺的显如①与织田信长之间的敕命媾和。因而我们从他们的行动中也能看到想要促成信长与毛利氏、足利义昭和谈的意图。从这个意义来说，信长那个令安国寺惠琼也感到诧异的让步性提案——愿意承认足利义昭"西国公方"的身份——是意味颇深的。

惠琼认为，信长眼中的宇喜多直家是个不值得信任的背叛者。倘若信长与毛利氏"联手"，那么"天下太平"便能够实现。所以他认为，身为"天下人"的信长所做出的判断是合理的。

在这个和谈的背后，笔者发现了明智光秀所发挥的作用。天正三年到天正八年，光秀顺利征服丹波，信长遂将丹波国的统治权赏赐给光秀，同时将丹后②的细川藤孝作为与力③派遣至光秀麾下。而且，曾从属于失势的佐久间信盛的大和④郡山城城主筒井顺庆也成为光秀的与力。这使得光秀在池田恒兴（摄津伊丹城城主）、中川清秀（摄津茨木城城主）、高山重友（即高山右近，摄津高槻城城主）等摄津势力中也拥有影响力。

---

① 显如（1543～1592），石山本愿寺住持，净土真宗本愿寺派第十一代宗主。他将织田信长称作"佛敌"，号召全日本的本愿寺信徒团结起来打倒信长。
② 日本古代令制国之一，范围相当于现在的京都府北部。
③ 亦称"寄骑"，指从属于大名或高级武士的骑马武士。
④ 日本古代令制国之一，范围相当于现在的奈良县。

自此之后，明智光秀不仅在近江志贺郡和丹波、丹后两国，甚至在大和到摄津一带乃至四国地区都拥有了广泛的影响力，获得了织田家第一重臣的地位。在他负责解决的长宗我部氏统一四国的问题中，如何与长宗我部的敌人毛利氏达成和解也成为一个迫切的课题。光秀逐渐开始承担起制定信长政权在中国和四国地区的政策这一职责。

故而，正如山本浩树的观点所言，明智光秀的竞争对手秀吉在天正八年五月时陷入了政治危机。于是，为了捍卫自己作为中国方面司令官的地位，秀吉同宇喜多氏建立了休戚与共的关系。他还不顾体面地煽动对毛利氏的战争并竭力策划，以图让织田信长亲征中国地区。

与长宗我部氏的合作

在天正八年（1580）十一月二十四日长宗我部元亲写给秀吉的多达八条内容的书信（《吉田文书》）中，记述了当时秀吉与长宗我部氏建立友好关系一事。

根据信中的第一条内容可以得知，秀吉在收到元亲在此前信中提出的支援请求之后，立刻建议出兵增援。而第五条则约定元亲在统一阿波①、赞岐之后，要成为信长的"西国表御手遣"，也就是要前往参与对毛利氏的进攻。

①　日本古代令制国之一，范围相当于现在的德岛县。

具体说来，这应该是要求元亲去攻击已成为毛利氏同族的河野氏。第八条中的内容则透露了元亲与秀吉之间的联络是通过明智光秀的重臣斋藤利三（丹波黑井城城主）实现的。

值得注意的是第三条中提到了"从大坂逃离的浪人们"的行动。天正八年闰三月，在正亲町天皇的斡旋下，显如承诺与织田信长媾和，并从大坂本愿寺退往纪伊杂贺鹭森本愿寺（位于今和歌山市）。同年八月，主张彻底抗战的教如也转移至鹭森本愿寺。

本愿寺方的浪人与纪伊和淡路的反信长势力一同向阿波国的胜瑞、一宫两城发起攻击。正在赞岐作战的长宗我部元亲火速回军阿波与其作战。这导致屈从于敌军的富冈城城主新开道善等阿波南部的国众也纷纷倒戈。而重要的是，这个时期包括三好氏的大本营胜瑞城（位于今德岛县蓝住町）以及重要据点一宫城（位于今德岛市）在内的阿波一带都被纳入了长宗我部氏的势力范围。

天正八年正月，长宗我部元亲占领一宫城。其原因是天正六年正月，从和泉堺进入胜瑞城继承三好氏家督之位的十河存保（也有史料记载为三好存保，本书从俗使用十河姓）舍弃本城逃到了赞岐十河城（位于今高松市）。元亲攻击十河和羽床两城便是为了剿灭十河存保。

根据前述史料，我们认为当时元亲与秀吉之间建立起了良好的关系。对于秀吉来说，首先这是出于对抗毛利氏的需要，其次更是因为十河存保仍持反信长的立场，极有可能与纪伊、淡路两国的反信长势力联合起来。所以秀吉必须要与长宗我部元亲联手。

而且，当时的长宗我部元亲同与秀吉辅车相依的宇喜多氏的关系也非常密切。在天正八年九月十六日给富川秀安的书信（现藏于前田育德会尊经阁文库）中，元亲对出兵美作的宇喜多直家重臣富川秀安说："阿、赞两国军略之情由，已向使者详述。"可以看出元亲在向其通报阿波、赞岐两国军事行动的同时，也希望今后能与对方保持友好的关系。

自然，元亲带去的情报会经由富川秀安上报给宇喜多直家。很明显，这是在有意识地进行针对毛利作战的外交活动。《长元物语》之中也记述了长宗我部元亲向宇喜多直家示好的故事。从元亲的角度来说，他同样也是为了打击逐渐与毛利氏结为一体的河野氏而选择了这样的道路。

2. 秀吉的进攻

信长的西国停战令

在战国时代后半期的天文至元龟年间（1532 ~

1573），为了实现地区安定，今川氏、武田氏、北条氏等东国地区的强大战国大名相互缔结了领国划分协议。然而，织田信长的军事行动打破了他们的计划，织田家的势力范围蚕食着这些大名的领国。战国时代东国地区的领国划分被信长的军事行动颠覆，从而构筑起了以信长为中心的崭新的外交秩序。

与之相对，在四国、九州等西国地区以及奥羽①等边远地区，直到天正年间（1573～1592）长宗我部氏、岛津氏、伊达氏等强大的战国大名才开始正式崛起。随着以此为基础的势力版图的变化，这些地区的诸位大名各怀心思，开始靠拢代替将军足利义昭而成为"朝廷"的织田信长。

从此我们便可以把由形同将军的织田信长所建立的武家政权称作"安土幕府"了。这个政权的蓝图是信长在与义昭组织的信长包围网作战时构想出来的，而政权组织的轮廓则因周边地区战国大名的吁求而逐渐变得清晰起来。

而且，天正三年，织田信长就任右近卫大将，这是最高级别的常任武职。此后，信长不但颁发御内书，还对战国大名进行官位任命和土地分配。信长成为名副其实的武

---

① 日本古代令制国陆奥国和出羽国的合称。范围相当于现在的青森县、岩手县、宫城县、秋田县、山形县、福岛县等东北地区。

家支柱，织田家内外都称他为"朝廷""大人""将军"。

笔者在旧作《信长革命——"安土幕府"的冲击》（『信長革命——「安土幕府」の衝撃』）一书中曾提出，天正四年以后，从三位权大纳言①兼征夷大将军的足利义昭寄身于"鞆幕府"，而身为极官（指最高的官职）的正二位右大臣②兼右近卫大将的织田信长身为武家支柱开设了"安土幕府"。这种两位将军、两个幕府之间的斗争，也就是双重政权的时代一直持续到了天正八年。

在天正八年与大坂本愿寺媾和之后，织田信长开始积极地介入大名之间的领土纷争。可以说，这正是他实质性地篡夺将军权力的证据。前文已经讲过信长与中国地区毛利氏的和谈，后来他又下令让四国地区的长宗我部氏与三好氏、西园寺氏，九州地区的岛津氏与大友氏停战。

虽然秀吉就任关白③之后发布的"停战令"非常有名，但需注意的是，实际上身为"天下人"的信长就

---

① 日本律令制时代借中国的纳言之名，设大纳言、中纳言、少纳言，作为太政官的属官。大纳言是太政官的次官，权大纳言是大纳言的权官（即超出规定名额所任命的大纳言）。
② 太政官之一，位居太政官和左大臣之下，负责统辖政务。
③ 日本古代官职。摄政一职在天皇成年后的称呼。摄政与关白合称"摄关"，在平安时代曾架空天皇掌握政治实权，后走向衰落。

已经发布过这种命令了。广为人知的例子就是在天正八年八月十二日的"九州停战令"（《岛津家文书》）中，信长要求岛津氏停止与大友氏的战争，命令双方达成和解。下面就来介绍一下信长给四国地区诸大名发布的停战令。

土佐冈丰城城主长宗我部元亲在天正三年统一了土佐国。之后他便着手剿除四国地区最大的势力——阿波国的三好氏。为此，他通过明智光秀向织田信长归降。天正三年十月，信长同意元亲进攻阿波地区，并赐予元亲的嫡子弥三郎（信亲）偏讳（指将本名中的一个字赐予对方，在这里是赐予了"信"字）作为赏赐。

天正八年六月，元亲派其弟香宗我部亲泰到安土，向信长报告阿波岩仓城（位于今德岛县美马市）城主三好式部少辅（据说是三好康长之子）归降一事，并请求与敌对的三好康长达成和解。信长对此表示同意。

三好康长于天正九年三月渡海进入赞岐，随后抵达岩仓城，令三好式部少辅归顺信长。同年六月十二日，信长将朱印状交予负责外交的香宗我部亲泰，命其辅佐三好式部少辅统治阿波国。在三好康长所写的附信中，他还请求元亲在今后对后辈三好式部少辅予以训教。

从文意来看，这是很明显的停战命令。同时可以看

（三好总领家）长之——之长

长则　长光　赖澄　长秀

长则——长逸

赖澄——政康

长秀：元长　康长（阿波岩仓三好家）

元长——式部少辅　信孝（信长的第三子）　秀次（秀吉的外甥）

长庆

一存（十河）　冬康（安宅）　义贤（阿波三好家）　长庆

存保　义继　信康　存保　长治　义继　义兴

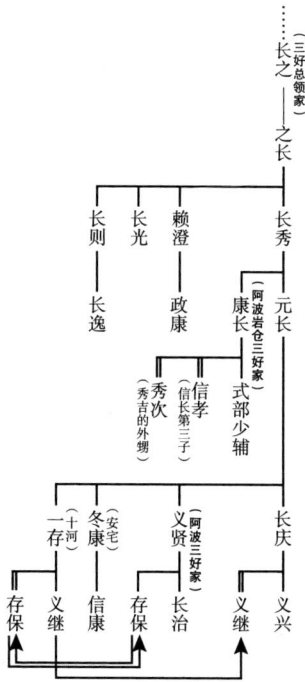

三好氏家系简图

出，此时的信长是站在元亲的对手——三好康长一边的。据《元亲记》记载，天正九年长宗我部元亲的势力急速扩张，对此感到忌惮的织田信长将朱印状中"有关四国，任由元亲攻取"的内容"错记"为"将伊予、赞岐两国之地奉公，于土佐本国之外增封阿波南郡半国之地"。

据说，长宗我部元亲因此曾言，"四国之地由我之手攻取，非信长之恩也"，宣布与信长断交。以信长的权势为靠山，元亲在短时期内扩大了领土。到天正九年，他已经征服了除伊予的河野氏、西园寺氏以及赞岐东部残存的三好氏等领地之外的大部分四国地区。但由于与秀吉联手的三好康长的政治运作，元亲遭到敌方反扑而陷入困境。最终，元亲与信长断交。

信长之所以改变了四国地区的外交政策，是因为秀吉做了大量的工作。笔者认为，其中最重要的原因正是秀吉将外甥秀次过继为三好康长的养子。

有关过继养子一事，其原因很可能是三好氏以阿波为大本营统领着淡路、赞岐，同时还拥有足以匹敌村上水军的安宅氏等强大水军。实际上，三好康长在天正六年曾与其同族、统帅淡路水军的安宅信康协商，劝其归降信长（《释文书》）。

天正九年，阿波木津城城主篠原自遁、赞岐虎丸城的安富盛方等阿波、赞岐两地的三好氏重臣出仕于身在姬路的秀吉（《黑田家文书》《南海通记》）。羽柴－三好阵线的规模得以扩大。

而元亲一方也存在与信长断交的重要动因。天正七年五月，伊予宇和、喜多两郡的军代①久武亲信奉元亲之命入侵宇和郡三间（位于今宇和岛市），遭西园寺氏击败，以久武亲信为首的数百人战死。"信长公御奉行众"得知

---

① 代替主君指挥军队的人。

此事后，甚至派遣"御上使"到当地进行调查（《阿波国征古杂抄》）。

故此，信长对元亲的举动产生怀疑也并不奇怪。当时，西园寺氏一方面与河野氏、毛利氏建立了友好关系，另一方面也通过在京都的西园寺本家收集京畿方面的消息，并开始向信长靠拢。《清良记》中记载了与此有关的事情：天正七年正月，西园寺氏收到了担任信长文牍的楠长谙的书信，次年西园寺氏即与毛利氏断交。

然而，长宗我部元亲的妹夫波川玄蕃与河野氏暗通款曲，导致作为元亲进入伊予国跳板的伊予地藏岳城城主大野直之战死。此时的元亲确实为内忧外患而烦恼。最终，为了打开局面，天正九年，他开始筹划长宗我部氏与毛利氏的结盟。

进攻鸟取城

到了天正九年（1581），秀吉加急进攻鸟取城。此前一年，信长对毛利采取了友好的外交政策，而秀吉企图以进攻鸟取城来换取信长政策从友好到强硬的改变。同年六月，秀吉展开了包围鸟取城的付城战①（第

---

① 付城是指作为进攻据点而靠近敌城修筑的城池工事。付城战即在敌城周围修筑付城用以包围的战术。

二次因幡①进攻）。

为了与毛利氏一决雌雄，织田信长决意率领明智光秀麾下部将亲征西国。为此，光秀在六月二日制定了家中军法（《御灵神社文书》《尊经阁文库所藏文书》）。

但是，信长的亲征并未能实现。因为伯耆的南条氏化身铜墙铁壁，使得毛利氏主力无法进军。即便是占尽地利的吉川氏也无法攻入因幡。而且，与不被信长信任的宇喜多氏关系密切的长宗我部氏，此时也同毛利氏缔盟，实现"艺、土②亲善"。故而也可能是因为信长顾忌他们的举动，于是亲征的计划只能作罢。结果攻城战靠秀吉独力实行，并在十月以守将吉川经家开城而告终。

长宗我部元亲对前文提到的六月十二日信长朱印状的应对可谓十分迅速。一个多月后的七月二十三日，他与在伊予新居郡颇具实力的金子元宅交换了誓约书（《金子文书》），缔结了军事同盟。此时，随着统领伊予东部新居、宇摩两郡的石川氏逐渐式微，金子氏不仅以其女婿的身份掌握了家中实权，还将势力伸入了西邻的周布郡到桑村郡一带，显示出了向战国大名转型的趋势。

同年八月，元亲派遣使者到赞岐天雾城（位于今香

---

① 日本古代令制国之一，范围相当于现在的鸟取县东部。
② 指安艺、土佐。

川县善通寺市），与长年因伊予、赞岐两国的控制权而敌
对的毛利辉元缔结了同盟，为迎接战争做好了准备（《乃
美文书》）。元亲与信长断交后便投身于拥戴足利义昭的
反信长势力阵营之中。

　　赞岐天雾城城主香川信景以前曾因不敌入侵的三好氏
而逃亡，受到毛利氏的庇护。在毛利氏发起赞岐进攻战和
元吉之战后，他在天正五年八月终于回到故土。之后，长
宗我部的势力进入赞岐。天正八年，信景又认元亲的次子
亲和为养子。他作为中间人，推动了长宗我部氏和毛利氏
结盟。而且，在金子氏的斡旋下，长宗我部氏与河野氏之
间的和平谈判也取得了进展（《金子文书》）。

　　信长对西国地区的征服刺激了毛利氏与长宗我部氏，
结果推动了战国史上中国、四国地区的首次一体化进程。
随着信长亲征的计划落空，秀吉希望信长对毛利氏采取强
硬政策的初衷遭遇挫折。此时，他盯上了长宗我部氏。

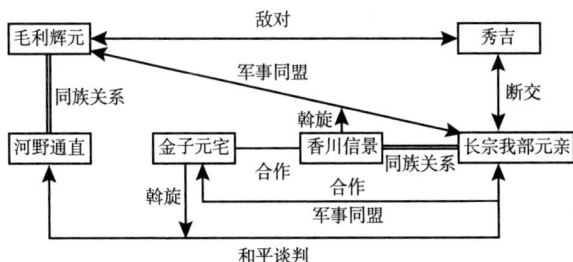

天正九年中国－四国同盟

控制东濑户内海

针对长宗我部氏的动向，天正九年（1581）九月，正在攻击鸟取城的秀吉派遣黑田孝高（官兵卫）以代理的身份同仙石秀久等人出兵，在十一月又得到了池田元助的支援，开始进攻处于长宗我部氏势力之下的淡路、阿波两国。这是秀吉先发制人的进攻，其目的是防止长宗我部氏凭借同毛利氏的同盟以及与杂贺众的合作来加强对这两国的统治。

天正九年十一月二十三日，秀吉在写给海盗明石与次兵卫的同族与一左卫门的信中表示，允许淡路岩屋的五十七艘船从事漕运（《贤谷胜氏所藏文书》）。而且在天正九年十月的海战中，秀吉麾下的小西行长与某安宅姓武将追击敌船，从淡路室津一直追到了播磨的家岛。秀吉一方确实牢牢掌握了淡路周遭的制海权。

《黑田家谱》中，天正九年的条目下记载："同年秋天，本应由信长公亲自出兵征服的淡路、阿波两地被交予秀吉攻打。秀吉受命，计划首先平定阿波。他身在因幡，故派遣黑田孝高作为代理出征阿波。"

笔者将《南海通记》中天正九年的相关内容译为了现代语。这部书是出身赞岐的黑田藩藩士香西成资于享保四年（1719）出版的记录南海道①各令制国兴衰史的著作。这部书是以《元亲记》《长元物语》等著作为蓝本，加以作者自己的见闻和经验编纂而成的。由于再三增补、改写，完成度较高，故而在目前四国地区的战国史研究中，这部书被认为是基础史料之一。

　　天正九年七月，十河存保在赞岐北条之战中获胜，挽回了形势，奋勇进军意图夺回阿波、赞岐之地。①三好康长到阿波以收复旧领地。存保亦率大军进军阿波，回归胜瑞城，按此前商议，与从纪伊而来的军队同时到达。（中略）②此时篠原自遁已归顺播磨的羽柴秀吉，与信长内通。故此率两千兵力从胜兴寺一带进军，经过惨烈的战斗，歼灭一宫的敌军二百余人。（中略）此后播磨众遵从信长公之命入侵淡路，与安宅河内守、野口孙五郎、篠原自遁等人保持和平，以图进入阿波。③黑田孝高进驻淡路志智城，设计取得阿波之人质，并将其送入志智城保护起来。土佐的长宗我部元亲一改近年来的攻势而陷入危机。

　　画线部分①中所讲的三好康长进入阿波收复旧领地一

---

① 五畿七道之一，范围包括纪伊半岛、淡路岛、四国以及周边岛屿。

事，指的是他在天正九年三月渡海进入赞岐，随后抵达阿波岩仓城，并令其子三好式部少辅归顺信长。此事可在相关史料中得到确认，符合史实（《赞岐国大日记》《立入隆佐记》《元亲记》）。

另可看到，画线部分②中所述天正九年时阿波木津城城主篠原自遁出仕秀吉一事，与九月十二日秀吉致黑田孝高信（《黑田家文书》）中"急报阿州①（篠原）自遁投靠一事"一文有密切联系。

而画线部分③中黑田孝高进驻淡路志智城，在阿波各领主手中获得人质，并将其送入志智城一事，与"其人（孝高）于志智之城商议日后之事，行事之法拟以计策为上"（九月十六日秀吉致孝高书信，《黑田家文书》）以及"若问阿州所余人质等，最妥则以送至志智为宜"（九月二十四日秀吉致黑田孝高书信，《黑田家文书》）两条内容一致。

秀吉允许生驹亲正出兵阿波，并命令黑田孝高进驻淡路志智城。孝高留在后方运筹帷幄，同时发挥着监督军队的监军（军目付）作用。

对阿波的征服作战进展顺利，人质也被送入了志智城，散布谣言的浪人被活捉并被处以磔刑②。正如前述，

---

① 指阿波国。
② 日本古代将受刑人绑在十字架上刺死的刑罚。"磔"指十字架。与中国的"磔刑"（凌迟）不同。

赞岐国东半部守护代家安富氏侍奉秀吉并表示归顺一事是非常关键的。此次战争不仅波及了淡路与阿波，对赞岐国也有所影响。

而且，在十月十日秀吉致孝高的书信（《黑田家文书》）中记载了长宗我部方势力退出赞岐一事。在秀吉-三好康长阵线的攻势之下，长宗我部元亲已然一筹莫展了。

通过黑田孝高等人的奋战，秀吉确保了在淡路志智及其对岸的阿波东部的影响力。于是他在十一月同池田元助一起进攻淡路北部的岩屋，瞬间将之攻克。至此，淡路一国基本被纳入了织田信长的领地，但其国主人选仍悬而未决（《信长公记》）。

秀吉的作战使得从淡路一国、阿波东部一直到赞岐东部的东濑户地区被囊括进了织田信长的势力范围，十河存保亦收复了胜瑞城。在这一年，中国、四国地区的势力版图发生了巨大的变化。

进攻淡路、阿波的时间

《黑田家文书》中所收录的一系列有关淡路、阿波出兵的资料（前文已介绍过的五封秀吉致黑田孝高的书信）在此前被认为是天正九年（1581）的史料，而近年尾下成敏提出新观点，认为这些应为天正十年的史料。这一新观点不仅指出秀吉在本能寺之变①后立即展开了他针对四国地区的政策，同时也让笔者彻底修改了本书中涉及本能寺之变前政治发展脉络的有关内容。

比照中央政局的情况，笔者认为将这一系列资料推定为天正十年的史料的做法并不妥当。为慎重起见，下面概述一下秀吉从天正十年九月到十二月的行动。

天正十年九月至十月这段时间，秀吉一边牵制柴田胜家②，一边推动着信长葬礼的筹备工作。到十一月，秀吉与胜家之间的战争已经无可避免。十二月，秀吉的军队攻克近江长滨城，降伏了美浓岐阜城城主织田信孝。笔者认为，这个时期的秀吉没有必要也没有余力特地将黑田孝高派遣至淡路、阿波。

这一时期，长宗我部元亲在天正十年八月的阿波中富川之战中战胜了三好军，又在九月攻破了阿波胜瑞城，在十月攻陷阿波岩仓城，其后更是入侵东赞岐，包围了十河城（《元亲记》《南海通记》）。天正十年，元亲已经称霸阿波并支配了赞岐国过半的土地。

趁着秀吉集中精力于中央政局的这个良机，长宗我部

---

① 天正十年（1582）六月二十一日，织田信长遭明智光秀谋反围攻，死于京都本能寺。

② 柴田胜家（1522～1583），织田家重臣，在信长死后与秀吉争夺织田家势力的主导权，贱岳之战后兵败自尽。

元亲对三好氏发动了彻底的攻击。故而，我们很难想象身处本能寺之变后急速发生的政局动荡之中，秀吉方还曾对淡路、阿波发起过长达两个月的战争。

天正九年十一月七日，和泉岸和田城守将织田（津田）信张曾致信长宗我部元亲之弟、负责外交工作的香宗我部亲泰，请求和亲。确实，此时的织田与长宗我部两方的关系并未断绝。信张可能是扮演着改善两方关系的调停者角色而与对方联络的。在后来的小牧－长久手之战①中，信张在织田信雄麾下担任与长宗我部元亲联络的角色。

但是正如《信长公记》中所记载的："（天正九年）十一月十七日，羽柴秀吉、池田胜九郎二人至淡路岛清点人数，后渡海至岩屋，并无异常。"据此可认为，在十一月下旬战况确定以后，双方才断绝关系。我们应该考虑到，当时的人们是不能像现在这样可以通过实况转播等方式获得消息的。

重要的是，由于这一年长宗我部氏的叛离以及秀吉对东濑户内地区的控制，很明显信长的外交方针已经变为了通过羽柴－三好阵线来推进对西国地区的征服。这意味着天正三年以来负责推行四国政策的明智－长宗我部阵线已经失败。

为改变这一事态，明智光秀特地派出斋藤利三之兄石

———————

① 1584 年在丰臣秀吉与织田信雄、德川家康联军之间展开的一场战役。后秀吉同信雄、家康分别讲和，秀吉方取得战略上的胜利。

谷赖辰（其同母异父的妹妹石谷氏是元亲之妻）前往游说元亲，希望他能服从信长的命令，但以失败告终。根据《南海通记》记载，这件事发生于天正十年的正月。所以应认为，这个时间就是长宗我部氏与信长最终断交的时间。

织田信长在天正十年二月九日发布进攻武田氏的命令书（《信长公记》）。其中第四条里面有命令三好康长出兵四国的内容。故而最迟在这个时候，信长就已经决定在灭亡武田氏之后对长宗我部氏进行剿伐了。

秀吉的胜利

到了即将一统天下的天正九年（1581）以后，织田信长统治西国地区的构想逐渐变得明朗起来。他将统治中心定在大坂城，并派自己十分信赖的丹羽长秀和织田（津田）信澄前去监督筑城工作。而且，信长还将自己的奶兄弟池田恒兴部署在摄津的伊丹、兵库两城，又将织田信张和蜂屋赖隆派至和泉的岸和田城。

此时秀吉已经领有了播磨和但马①。在中国地区，信长计划在备前、美作的基础上增封备中给宇喜多直家，将备后、安艺赐予中川清秀，出云②则交予龟井兹矩。而关

---

① 日本古代令制国之一，范围相当于现在的兵库县北部。
② 日本古代令制国之一，范围相当于现在的岛根县东部。

于四国地区则如后文所述，信长计划在攻下四国之后将赞岐封给三好信孝（信长三子），而将三好康长部署到阿波。

天正七年，织田信长承认了大友义统对周防、长门①的统治（《大友文书》）。当然这也是对毛利氏作战的筹备举措之一。如此这般，可将信长对除石见国之外的领国划分草案整理如表3所示。

表3 织田信长对配置西国大名的构想（天正十年）

国名	城郭	大名	备考
摄津	大坂	丹羽长秀	城代，近江佐和山城城主，领有若狭国
		织田信澄	城代，近江大沟城城主
	伊丹	池田恒兴	将有冈改名为伊丹
	兵库		转用花隈城的建材
和泉	岸和田	织田信张	城代
		蜂屋赖隆	城代
播磨	姬路	羽柴秀吉	将近江长滨归公
但马	竹田	羽柴秀长	秀吉之弟
备前	冈山	宇喜多秀家	秀吉一派
美作	—		
备中	—		
备后	—	中川清秀	秀吉一派，将摄津茨木归公
安艺？	—		信长约定将安艺作为"次于备后之国"赏赐给他

---

① 日本古代令制国之一，范围相当于现在的山口县西部。

国名	城郭	大名	备考
周防	—	大友义统	前提是参加对毛利氏的作战
长门	—		
因幡	鸟取	宫部继润	城代,秀吉的与力
伯耆	羽衣石	南条元继	与秀吉结盟
出云	—	龟井兹矩	秀吉家臣
赞岐	—	三好信孝	亲秀吉派,从伊势神户转封
阿波	胜瑞	三好康长	秀吉一派,继任三好氏家督

一望可知,在播磨以西地区的领国分配中,计划里分配到领国的大部分大名都是秀吉家臣、同派系大名或者与其有人脉关系的人。对此,明智光秀一定对信长攻取四国之后的自身处境有所不安。

这是因为,长宗我部氏的失败,确实会导致与其关系密切的外交官明智光秀在织田政权内部的发言权减弱。祸不单行,更加令他烦恼的是信长计划在平定四国、中国地区之后所施行的大规模转封。

根据表3,我们还不清楚石见国国主的人选。与此相关,即便难以确定《明智军记》的可信度,但对于书中所讲的"在光秀出征中国之际被信长命令转封至出云、石见"一事,我们也不能完全否定这种可能性。

明智光秀被强制转封到边远地区的可能性极高。对于从永禄十一年(1568)信长上洛以来一直处于政治中枢的光秀来说，从畿内地区转封到最前线无疑剥夺了他发挥的空间，也就意味着他遭到了贬黜。

毫无疑问，在四国远征之后，光秀将逐渐失势，而秀吉将一跃成为织田家中最具实力的重臣。在派阀斗争的深层，存在长宗我部氏与三好氏围绕四国地区统治权的斗争，而这一斗争的激化导致了光秀与秀吉的对抗变得更加尖锐，事关谁能成为日后将要正式落地的西国政策的指导者，也就是谁能成为信长麾下最有实力的重臣。这也是不断催化本能寺之变爆发的背景之一。

3. 水攻高松城的意义

毛利氏家臣集团的动摇

自天正十年（1582）三月起，秀吉进军到宇喜多、毛利两大势力交界的备前、备中国境一带。在那里，毛利氏筑起了以宫陆山、冠山、高松、加茂、日幡、庭濑、松岛"边境七城"为首，包括岩山、宿毛山、忍山、镰仓山、龟石、经山等十多处城堡，用以阻止织田方的进犯。

秀吉连续攻克了这些城堡。同时，他慎重而广泛地对毛利氏重臣进行了单独策反，使毛利氏的家臣集团出现了动摇。因而在本能寺之变前夕，毛利氏出现了无法团结作战的情况。

例如，众所周知，毛利氏重臣、迎娶了毛利元就次女的日幡城守将上原元将（元祐）就在秀吉三月进军时叛离了毛利氏。其后他成为敌军的向导，不断劝诱毛利方的部将投靠羽柴军。

而在秀吉部将蜂须贺正胜、黑田孝高天正十年三月十七日写给小早川隆景的重臣乃美宗盛之子乃美盛胜的联署书信（《乃美文书》）中，他们也曾开出安艺、周防、长门三国以及黄金五百枚这样形同天价的条件，以换取乃美父子二人叛离毛利氏。

信中还写道，若乃美父子二人不能同时倒戈，则希望至少盛胜自己加入己方阵营。可以看到，秀吉方在努力地尝试策反工作。他们还将进攻武田氏之事告知对方使者，又在信里提到希望与毛利氏讲和，让乃美氏产生了很大的动摇。

在亲自参加过战斗的毛利氏家臣玉木吉保所写的日记《身自镜》中，有一些关于秀吉策反计策的很有意思的内容。因此笔者将其译为了现代语。而且这位玉木吉保撰写过多部优秀的医书，同时还擅长连歌①和厨艺，作为战国时代地方知识分子的代表人物而闻名。

---

① 兴起于镰仓时代的日本传统诗歌类型，通常采取多人连作的形式。

秀吉秘密召见安国寺惠琼，要向他展示自己平定中国地区的计略，随即拿出了已经向秀吉投诚的毛利氏重臣的联署誓约书。誓约书中缺少的毛利氏重臣只有五人。看到这个，安国寺惠琼大为震惊，双膝颤抖。当时秀吉说，自己的战术在日本绝无仅有，但由于毛利殿下深谙计略，信长已死，所以现在想要与毛利三巨头（毛利、吉川、小早川）达成和解，上京消灭明智光秀以报信长之恩。秀吉拿出了誓约书说，希望贵我双方团结一心。

天正十年六月二日拂晓，本能寺之变爆发。文中所讲的是秀吉接到这一消息后不久，也就是在毛利方尚未得知本能寺之变时，秀吉与安国寺惠琼进行和谈交涉的场景。虽然可能有所夸张，但据文中所说，此时参战的毛利氏重臣之中仅有五人未与秀吉方内通。

《身自镜》中这一段后面的内容提及秀吉威胁对方：倘若毛利氏不与自己同心协力而想要发起追击的话，那么联署誓约书上的通敌者将从内部击溃毛利氏。书中还写道，当时毛利氏中那些对秀吉的作战能力尚不了解的愚者大放厥词，说什么"没有理由不去击破敌军""若是追击逃走的秀吉，连刀都不用动就能踏平敌军"，书中认为这些说法"令人后怕"。

当然，我们很难认为上述内容全部是事实，这不过是一种参考性的史料。但笔者认为，当时脚踏两只船的毛利重臣绝不在少数。

朝秦暮楚的海盗势力

秀吉的策反自然也波及了河野氏麾下的海盗势力。在此需要强调的是，秀吉针对毛利氏所采取的是强硬政策，但他在接近海盗势力时实际上采取了十分耐心的怀柔政策。我们已经看到，在天正九年（1581）秀吉方已经掌握了东濑户内海的制海权，而此时，秀吉的触手又伸向了西濑户内海。秀吉在天正十年四月十九日分别写给村上武吉、村上元吉父子的信中要求他们向自己尽忠。

特别重要的是，在写给村上元吉的信中有这样的语句，译作现代语的话就是：“既然已经决定对朝廷（信长）尽忠，那么就应当抛弃私人的旧日恩怨。警戒船等事宜的命令应由你们发布。以前不是曾请你们派遣使者过来吗？那是为了来汇报秘密情报。”（《萩藩阀阅录》）

根据这些内容，我们得知在此之前村上元吉与秀吉之间就已经有过联系，同时也答应向“朝廷”也就是信长效忠。确实，在此前一年的十一月二十六日，信长曾对元吉献鹰一事致以谢函。武士献鹰被认为是表示臣服的礼节，所以可以说，最迟在天正九年年末，元吉已经与来岛氏一样归顺在了信长的麾下。

这个时期发生了"冲家骚动"：天正九年年末到天正十年年初，有流言说不仅是来岛氏，就连村上氏也背叛了毛利氏。于是广岛湾附近的村落居民发生了骚动，而严岛神社则将宝物以及妇女、儿童送到了对岸避难。

在一个与上原氏颇有渊源的世家，流传下来了一封收件人不明、日期为天正十年四月二十四日的秀吉密信（《米虫刚石氏所藏文书》）。其中提到"海上之事，盐饱、能岛、来岛交出人质并献纳城郭"，记录了此时村上、来岛两氏已经臣服于信长一事。

而且秀吉在天正十年五月十九日进攻越中①鱼津城时写给沟江长澄的信（《近江沟江文书》）中也提及了相似的内容："海上之事，已通令能岛、来岛、盐饱，可接管任一岛城并驻兵其中。"

后一封信是写给与西国地区战线毫无关联的己方武将的，共有九条内容。信中其他八条内容均为事实，所以很难认为只有上述引文部分是虚假情报。当然，我们也难以想象村上、来岛两氏会将自己的本城交出，故而他们可能是将分城连同人质一并交予秀吉方的。

正如小早川隆景在四月九日写给因岛氏首领村上吉充

_____

① 日本古代令制国之一，范围相当于现在的富山县。

的信中所说："关乎村上氏同来岛氏之叛，无复多言。"（《因岛村上家文书》）隆景自己也持这样的看法，同时对村上吉充的才略表示期待。

一般说法是，由于村上武吉说服了村上元吉，到天正十年四月中旬，村上氏终于回归毛利氏阵营。海盗势力的向背已经成为直接关乎毛利氏兴衰的敏感问题，所以小早川隆景等人极力维系同他们的关系。

笔者原先就觉得，依凭现存史料来探寻海盗势力的归属问题，这种做法本身就是有局限性的。哪怕是在现代这样高度信息化的社会，在一些重要场合不也有为数不少的政治家直到最后都不会表明自己的立场吗？正因为政局是在不断变动的，所以这些人会在暗中探索各种可能性，不到最后关头都会谨慎地保留自己的态度。这是一个不受历史制约的常识。

我们很难确定从五月九日秀吉正式水攻高松城开始到六月二日本能寺之变爆发为止这段时间内村上氏的动向。即使是在《因岛村上家文书》中，涉及与毛利氏关系的史料仅有四月的四条和九月的两条，五六月则没有相关的内容。所以在水攻高松城、秀吉占据上风的这段时期，我们尚未发现有史料明确记录下了当时村上氏与毛利氏之间的关系。

确实，我们可以根据四月中旬的一系列与村上氏相关的史料认为其已经归属毛利一方，随即在五月，村上氏又与其同族来岛氏进行了战斗。但我们不能以"村上氏＝毛利方""来岛氏＝织田方"这种简单的等式来把握他们之间的关系。前文提及的秀吉在四月十九日书信中的"应当抛弃私人的旧日恩怨"这句话，就包含了让村上氏与来岛氏停止私战并服从于"朝廷"信长的意思。

就笔者所见，还尚未发现有记载村上氏与秀吉在这个时期已经断交的史料。笔者的看法是，实际上村上氏到六月二日本能寺之变时还同时维系着与毛利、织田双方联系的渠道，而事变爆发不久，村上氏便开始作为毛利一方的成员行动起来。来岛氏则因内部意见不一致而无法确定统一的外交方针。后来来岛通总逃到秀吉处避难，也是拜本能寺之变后来岛氏与村上氏关系恶化所赐。

针对海盗势力的情报员

这一节着重讨论的是秀吉针对海盗势力而派出的情报员——出身伊予的僧侣。近年来，学界研究比较关注天文至元龟年间（1532～1573）在将军足利义辉、足利义昭与河野氏首领河野通宣、河野通直之间担任中间人的梅仙轩灵超。在他手下负责实务工作的则是伊予国分寺的僧侣"国分寺"。

这位"国分寺"被委派到灵超领地伊予国分寺附近

的伊予越智郡日吉乡（位于今今治市）收取公用钱①。他经常来往于汤筑城与京都之间，为河野氏与足利将军的联络架起了桥梁。在推测是写于天正十年（1582）四月十九日、秀吉致村上吉继的判物抄（《藩中古文书》）以及五月十八日秀吉写给得居通幸（之）的判物（《古文书鉴》）中，此人都曾出现。

在这两份文献中我们可以确认，在天正十年四月到五月这段时间，"国分寺"负责在来岛氏重臣村上吉继、来岛通总（通昌）之兄得居通幸（河野氏同族得居氏的养子）与秀吉之间斡旋。笔者认为，文献里出现的"国分寺"，与那位"国分寺"要么是同一个人，要么是极其近似的人物。

两份文献，一份是请求村上吉继与其主君倒向秀吉一方，另一份则是请求得居通幸作为秀吉方的水军展开活动。其中还有"国分寺"向通幸讲述水攻高松城的壮观场景的记载。结果，村上吉继投向毛利氏，而得居通幸投靠了秀吉。像这样，即便是最早倒向信长一方的来岛氏，在本能寺之变以前，家中也出现了很大的动摇，并不是坚定地站在信长一方的。

正如前述，一般认为村上氏在这一时期断然拒绝了秀吉的游说而加入毛利一方，同来岛氏断绝了关系。然而，

---

① 亦称"公事钱"。指日本中世时期对公缴纳的金钱。

如此"美好的故事"终究只是一个关于江户时代萩藩①开创期的传说，事实上，村上氏的情况可能与来岛氏同样复杂。比如，在如何看待《萩藩阀阅录》中收录的由村上图书（萩藩御船手队长）提交的史料和家谱等资料这一问题上，我们就应当将其视为经过刻意筛选后留下的资料。

而且，《萩藩阀阅录》是享保十年（1725）至十一年，萩藩第五代藩主毛利吉元命其家臣永田政纯将藩内各家所藏的古文书和图谱提交并编纂而成的史料集。这部书编纂的基本方针就是重视同毛利氏的上下级政治关系。有观点认为，编纂过程中因此被舍弃的原始文献不在少数。

在对以上情况有所了解的基础上，我们就会发现，当时可能并没有出现连河野通直都一边倒向毛利氏的情况。目前我们还没有找到可以证明通直与"国分寺"在这个时期有过接触的史料。但从永禄到元龟年间（1558～1573），与"国分寺"关系密切的梅仙轩灵超一直担任通直和足利义昭联络的中间人，所以他可能也与信长有所接触。通直曾独力收集京畿地区的有关情报，所以如果他最后决定向信长靠拢也并不奇怪。

例如，在《南海通记》中有"伊予河野（通直）通

---

① 即长州藩。

过久留岛（来岛通总）求援，并许诺日后亲身上洛、侍于麾下"的记载，记录了河野通直曾通过来岛通总向信长请求援兵一事。虽然通直上京一事仍存疑问，但我们不能完全否认，天正八年以后通直可能曾派遣"国分寺"等人前去向取代足利义昭成为"朝廷"的织田信长示好。

在毛利氏处于明显劣势的情况下，即便是自源平之战以来一直是西国地区名门世家的河野氏，倘若也像另一个名门西园寺氏一样开始为了家族的生存而试着与信长接触，我们也并不会觉得不可思议。不要忘了，就连毛利氏自身不也是一边与长宗我部氏结盟、表现出强硬的姿态，一边却通过安国寺惠琼去推动和平谈判吗？

不论什么样的大名都会使出浑身解数来让自己的家族得以存续，这是战国时代的人们为了生存下去所形成的常识。本能寺之变后不久，毛利氏家臣与小早川氏家臣进驻汤筑城。我们可以也将他们当作毛利氏为了将河野氏维系在自己阵营而派出的监视人员。

进攻长宗我部氏

秀吉为何要对高松城采取水攻呢？在相关史料中，我们只能看到"因为高松城被泥田环绕，是难攻不落的平城^①"这样的解释。但在此事的背后，秀吉一定有必须大费周章选择水攻的理由。

笔者认为，水攻高松城与进攻长宗我部氏有着密切的联系。前文分析，天正九年（1581）织田信长同毛利氏的决战被中止的理由之一，正是同毛利氏结盟的长宗我部氏可能会趁机攻击信长的后方。倘若"背叛者"宇喜多直家与其呼应，信长便会在转瞬之间陷入危机。

信长计划在天正十年六月对长宗我部氏发起进攻，他当然考虑到了毛利乘虚而入袭击后方的可能性。倘若此时特地对高松城发起水攻，就会将毛利辉元、吉川元春、小早川隆景引诱过来，这样就可以将毛利军吸引在高松城，使其无力分兵驰援长宗我部氏。

天正十年二月九日，信长发布了进攻武田氏的命令书。命令书的第四条里有要求三好康长出兵四国的命令。从甲斐得胜回到安土的织田信长收到急报，称小早川隆景败给秀吉，正在备中幸山城（位于今冈山县总社市）据城死守。于是信长将计划在秋季进行的"中国进军"提前，并在四月二十四日通过明智光秀命令细川藤孝等丹后众进行作战的准备（《细川家文书》）。

织田信长在天正十年五月七日下达给四国征讨军最高

---

① 建筑在平地上的城郭。

指挥官三好信孝的朱印状（《寺尾菊子氏所藏文书》）中公布了他的四国领国划分方案。第一条是在战争结束之后封信孝为赞岐国国主，第二条是将三好康长封为阿波国国主。而第三条的内容则颇有意味，说土佐与伊予的人事分配要等信长出兵淡路时再行决定。

虽然因本能寺之变上述计划未能实行，但在事变之前，信长很可能计划进军淡路，一来是为信孝压阵，二来是为了处理四国的领国划分事宜。也许信长是要等看到长宗我部方势力的抵抗程度后再来决定土佐和伊予的人事安排。有观点认为，待这些事情处理完毕之后，信长还将进军备中高松。

在朱印状后面的内容中，信长教导信孝说："（对三好康长）应有君臣、父母之思，有需亲身奔走之事，当尽忠而为。"有关信孝成为三好康长养子一事，在天正十年六月一日的《宇野主水日记》中有"三七殿下（神户信孝）身为阿州三好山城守之养子渡海"这一内容契合的记录。

信孝是织田信长的第三子。永禄十一年（1568）织田家攻打伊势、与当地河曲郡的实力派领主神户氏举行和谈时，信孝成为神户氏养子。天正十年，他是神户城城主。而他的长兄织田信忠已经获赐尾张和美浓两国，二哥信雄则成为南伊势北畠氏的首领。很明显，在待遇上他与两位兄长差距颇大。

所以，外交政策的转变虽然对于明智光秀和长宗我部元亲来说是相当荒唐的，但对于信长来说，这也是给年轻的信孝创造了一显身手的机会。当时，信长已经预见到了天下统一之后的情况，开始让同族、近臣成为强大的大名并将他们部署到京畿地区，对信孝的安排应该也属于其中一环。我们还看到，信长让三好氏的家督从十河存保变为秀吉一派的三好康长。这是一次实质性转变。

日薄西山的"鞆幕府"

我们不应忽略的还有，在天正八年（1580）以后，足利义昭对毛利氏的利用价值降低了。这一年，信长击退大坂本愿寺的势力，巩固了自己"天下人"的地位。此后，毛利氏的方针从拥奉足利义昭上洛、振兴幕府，转变为希望趁自身版图还足够大时尽可能以有利的条件与信长媾和。这是因为，此前尚处于能够通过信长包围网来正面打倒信长的阶段，而此时已经变为只有利用奇袭战这种方式才有可能打倒信长的阶段了。

大坂本愿寺脱离战线不但使得西国地区的政治版图出现了变动，也让"鞆幕府"出现了严峻的事态。安国寺惠琼对织田方展开了积极的外交活动，也是受此事影响的一个表现。

与其他战国大名一样，毛利氏最初对逐鹿天下并没有十分浓厚的兴趣。而且，这一时期的毛利氏又要面对严峻的现实——他们不得不承认已经取代足利义昭而成为政权主宰者的织田信长的力量。

在此我们再一次关注前文提到过的天正八年五月十二日安国寺惠琼写给安艺严岛神社神官棚守房显的那封书信。惠琼在信中说："不意我方（毛利氏）之事无比拖延，未能以万全之势行动，实乃可笑。与京都（织田政权）和平一事还望多多斡旋。"惠琼对毛利氏的迟缓反应十分恼怒，请求尽早与织田方讲和。

从天正九年到天正十年，拥戴足利义昭的毛利－长宗我部同盟诞生了。但一部分支持毛利氏的海盗势力暗自与秀吉互通声气，与长宗我部氏关系密切的纪伊杂贺众也发生分裂，其中铃木重秀（即通常所说的孙市）一派从属于信长方。所以这个同盟也并不能算是坚如磐石的。

让我们把目光转向东国地区。天正十年三月，武田胜赖死于天目山。而在北国地区，同年五月末，织田方的信浓①海津城城主森长可的部队从信浓入侵越后②，逐步逼近反信长派大名上杉景胜的居城——越后春日山城（位

---

① 日本古代令制国之一，范围相当于现在的长野县和岐阜县的一部分。

② 日本古代令制国之一，范围相当于现在的新潟县。

于今新潟县上越市）。足利义昭的"鞆幕府"越发孤立，将要迎来与信长的最后对决时刻。

本能寺之变

天正十年（1582）五月十六日，参与管理和泉堺港的水军真锅贞成收到了信长发布的出征四国的命令。真锅贞成是前文谈到的那位战死在木津川口的真锅贞友之嫡子（请参照前文 29 页的"和泉真锅氏家系简图"）。据命令所言，对四国地区的攻势预计在天正十年六月到八月这三个月内展开（《藩中古文书》）。从这份资料中我们可以清楚地看到，信长的计划是要根据战况来决定是否要将长宗我部氏彻底消灭。

这一时期，明智光秀开始谋划发动政变。为了阻止四国征讨军司令官三好信孝率军出征以及信长接受朝廷推荐其担任将军的提议，光秀将政变时间定在了六月二日，也就是这两件事发生的前夕。当天黎明，光秀实施政变，并且成功地完成了他的计划。在天正十年六月十三日光秀写给纪伊杂贺反信长势力的首领土桥重治的信（《森家文书》）中，他申明了自己谋反的正当性。

在信的开头，光秀写道："感谢您告知我将军命我为其宏愿而奔走之事。然而有关将军上洛一事，（我）早已做出承诺。请您体察此事再行斡旋。"这就说明，土桥重治遵从身在鞆之浦的足利义昭的指示行动，而光秀在此之前就已经同足利义昭约定，答应协助其上洛。

在信的附言中，光秀又说："为将军上洛而奔走，是很重要的事情。详细的命令将军已经吩咐过了，故而琐碎之事不必一一上奏。"正因为他早已拥奉足利义昭，所以才能像这样发号施令。也可以认为，在谋杀如同将军的织田信长一事上，光秀为了让他的谋反正当化、纠集那些反信长势力，因而尊奉起他的旧主——现任将军足利义昭。

这种情况说明，明智光秀在与土桥重治接近之前已经归顺义昭一方。在山崎之战①的前一天，也就是六月十二日，光秀已经进退失据。但即便情况如此严峻，军事指挥权依然掌握在足利义昭手中，光秀仍仰赖义昭的指示。这就是最重要的证据。

面对信长对中国、四国地区的进攻，足利义昭的政治生命已然濒临终结。加之拥奉义昭的毛利氏、长宗我部氏等反信长势力的动向，以及在信长统治西国地区的构想下作为重臣幸存下来的明智光秀与羽柴秀吉之间的派系斗争等，这些天下统一前夕在政权内外出现的因素联结在一起，演变成了政变的导火索。

本能寺之变在如此复杂的背景下爆发，因而注定在织

---

① 本能寺之变后，秀吉立即回军与明智光秀展开决战。光秀在此役中败亡。

田政权研究中成为一个重要的论题。但这并不是在"黑幕说"或"单独作案说"中二选一的简单问题。在学术上，随着二十世纪七十年代以后对室町幕府的研究逐渐深化，人们普遍认为这一问题是直接关系到日本中世、近世的时代划分问题的重量级课题。

笔者在发表有关本能寺之变的演讲时，经常被问到"为何毛利氏不拥奉足利义昭、尾随秀吉上洛呢?"这个问题，所以在此也想解释一下。

在和谈之后，毛利氏得知了信长横死的消息，但并没有追击秀吉。相比冒着危险拥奉义昭参与到畿内地区的政治斗争中，因重臣与秀吉内通而家族濒临崩溃的毛利氏更需要优先处理如何重整家族的问题。由于长年战争造成的消耗，毛利氏应该规避更多的风险。我们应当将其视为毛利氏从大局出发所做出的判断。

正如前述，由于秀吉极力策反，毛利家中的一部分重臣或是叛离或是态度暧昧，家中局面是相当动荡的。恐怕此时毛利家中已经满是流言蜚语，家臣之间也相互猜疑，所以按当时的状况来说是无法团结一心追击秀吉的。

倘若毛利氏真的追击秀吉，那么还有被秀吉安排在备前的宇喜多氏在严阵以待。就算他们能够突破宇喜多氏的防守，那么在伯耆的南条氏也有可能趁其空虚对毛利氏领地发动袭击。毛利氏对这些难以逆料之事的应对是极其冷静的。

第三章　海盗大名的兴衰

1. 河野氏的光辉

操纵信息

本能寺之变后，决定海盗大名河野氏命运的外交谈判在凌驾于其上的秀吉与毛利氏之间展开了。到了这一阶段，秀吉已经不愿把河野氏或村上氏当作外交对象了，而是将有关伊予的各个问题作为中国地区领国划分的条件同毛利氏进行谈判。经过长年交涉之后，秀吉利用已经转型为丰臣系大名的毛利氏，将河野氏纳为自己的属下。这就是秀吉对濑户内地区的海盗世界进行重组的第一个阶段。在此，我们来具体追溯一下这段过程。

毛利一方的安国寺惠琼和林就长曾出席与秀吉方举行

的领国划分谈判。天正十一年（1583）十二月十五日，他们给毛利氏家臣佐世元嘉和福原元俊写了一封长信（《毛利家文书》八六一）。笔者从这封信中选出下面一段文字并译为现代语。

一、①有关来岛氏恢复领地的问题，正如在之前书信中所写的一样，无论如何都应将其旧领归还。如果无法得到家中的理解，那么此前有关来岛一事的约定即行作废。②根据长宗我部方的提议，他们表示阿波、赞岐两地可以舍弃，但希望伊予能成为长宗我部氏的领国。正在（与秀吉方）交涉这一问题。③虽然在此前的信中没有提及，但（秀吉）口头说想要（将伊予）交予毛利辉元大人。所以（秀吉）对长宗我部氏的回执拖延至今。但黑田孝高告诉我，倘若收到回信说家中不同意来岛一事，那么就如实（向秀吉）报告。

信中说，画线部分②中所提到的长宗我部元亲提出可以将阿波、赞岐两国让予秀吉，但希望能以此换取伊予这一消息，是安国寺惠琼从秀吉方负责领国划分交涉工作的黑田孝高那里探听到的。但这个情报是否属实呢？让我们来研究一下长宗我部元亲在这一时期的动向。

本能寺之变以后的天正十年八月，元亲一方面在阿波中富川之战中战胜三好军，而另一方面又向柴田胜家、织田信孝靠拢，向旧属信长方和秀吉方的势力展开进攻。他首先在天正十年九月击败阿波胜瑞城的十河存保，又在第二年十月击破阿波岩仓城的三好式部少辅，从而称霸了阿波。

而且，天正十一年四月，香宗我部亲泰在赞岐引田击败了秀吉派去救援十河氏的仙石秀久。如此这般，长宗我部元亲在天正十年的下半年控制了阿波一国和赞岐国过半的土地。

从长宗我部元亲的这些行动来看，他仍持反秀吉势力的一贯立场。但是到了天正十一年，元亲却表示希望同秀吉讲和，这实在难以理解。即便他已经向秀吉靠拢，但他会特意舍弃阿波和几乎完全掌握在手的赞岐，反而要求占有自己仍在攻打的伊予吗？本能寺之变前，织田信长在四国地区的领国划分计划也是因阿波、赞岐的归属权问题而与元亲产生龃龉的。

这封书信的重要性在于，我们可以从中看到秀吉方的态度：倘若画线部分①中所说的逃亡到秀吉处的来岛通总重回伊予，那么画线部分③中将伊予分给毛利氏的口头承诺就会遭到毁弃。因为当时秀吉已将来岛氏收编为其麾下水军，所以再三要求毛利氏让来岛氏回归旧领。

那么安国寺惠琼等人为什么必须在信中写上有关长宗我部氏的虚假信息呢？有关此事，我们有必要回顾一下天正十年以后针对中国地区领国划分的谈判进程。

中国地区的领国划分

天正十年（1582）五月，秀吉展开了对备中高松城的水攻。战况虽然立即发展为织田、毛利两军以高松城为中心的对峙，但对秀吉来说，整个战局的进展是非常顺利的。此时，村上氏等海盗势力开始与秀吉互通声气，加之毛利氏重臣的内通以及灭亡甲斐武田氏的信长即将西征，这些消息都让秀吉的处境变得更加有利。

于是毛利氏开始通过安国寺惠琼寻求讲和的方法。而和谈的条件是除了正在发生战争的备中、美作、伯耆之外，毛利氏还要让出备后、出云两国。此时，本能寺之变爆发了。秀吉在六月四日达成与毛利氏的媾和，随后急速回京，在六月十三日的山崎之战中取胜。在此之后，秀吉与毛利氏的领土划分，也就是中国地区的领国划分工作才正式开始。

同年七月，安国寺惠琼带着毛利辉元、吉川元春等人的书信，到山城国①的山崎城（位于今京都府大山崎町）

① 日本古代令制国之一，范围相当于现在的京都府南部。

拜会秀吉，希望秀吉能够放宽此前提出的割让五国的和谈条件。备后与出云的割让得以免除可能就是他们在此时争取到的。

但是领国划分的谈判迟迟未见进展。对此深感不耐的秀吉在次年即天正十一年五月十五日写给小早川隆景的信（《毛利家文书》）中，告知对方自己在贱岳之战中战胜柴田胜家和织田信孝的消息，并表示要在近日处理悬而未决的中国地区领国划分一事。信中秀吉施压性地威胁说，到了那时毛利氏"宜做好觉悟以息秀吉之怒"。同年七月，在秀吉占据有利条件的情况下，双方开始了谈判。

此时秀吉通告对方，倘若毛利氏不让出备中、美作、伯耆三国的话，就将在八月一日发起攻击。对此毛利氏派出安国寺惠琼进行斡旋。最后，秀吉提出了一个让步性方案，即如果毛利氏把吉川经言（后来的吉川广家）、小早川元总（后来的小早川秀包）送来作为人质，就可以把备中高梁川以西地区以及伯耆三郡归还于他。

但是毛利氏对人质一事表示为难，同时，此时驻扎在备前常山城（位于今冈山县玉野市）、备中松山城（位于今冈山县高梁市）、美作矢筈城（位于今冈山县津山市）、伯耆八桥城（位于今鸟取县琴浦町）等边境诸城中的毛利军队也并未撤军。最后，在这一年的十一月，毛利氏将人质送交秀吉。为了实行领国划分，秀吉方的蜂须贺正胜、黑田孝高与毛利方的安国寺惠琼、林就长在备中猿悬城（位于今冈山县矢挂町）举行会谈。

在上述十二月十五日书信的后半部分里，惠琼针对家中之人拖延谈判并始终保持强硬态度的要求，晓谕他们：尽管可以答应秀吉希望来岛氏复国的要求，但上策仍是趁着己方拥有"六七国"领土以及得到领有伊予的口头约定这些条件时，完成领国划分工作。

所以，长宗我部氏正在与秀吉进行交涉，提出让出阿波、赞岐以换取伊予一事——这一消息极有可能是安国寺惠琼在十一月于猿悬城会谈之际，在与黑田孝高磋商的基础上捏造出来的虚假消息。惠琼希望将这一消息传达给家中之人，以期迫使毛利氏早日与秀吉缔结领国划分协议。

当时，尽管还有像美作矢筈城的草刈重继这样依旧抗拒将城交给对方的毛利方部将，但秀吉与德川家康、织田信雄之间，以及毛利辉元为了支援与其有姻亲关系的河野通直而与长宗我部元亲之间各自展开对决。到天正十二年春季，双方终于实现了和平。

小牧 - 长久手之战

现在我们来关注一下长宗我部元亲的动向。即使在贱岳之战以后，元亲仍旧与反秀吉势力遥相呼应。天正十二年（1584），长宗我部元亲与德川家康、织田信雄联合，在与毛利氏对抗的同时正式强化了对伊予的控制。同年三月七日，织田信雄告知香宗我部亲泰自己已同秀吉断交，并向元亲请求援助。而且，在这一月的二十日，信雄又向香宗我部亲泰通报尾张、美浓的情况，请求元亲出兵摄津。

天正十二年四月，长宗我部元亲企图与德川家康结盟，家康重臣本多正信给香宗我部亲泰回信。五月三日，织田信雄告知亲泰，己方在四月九日的长久手之战中获胜，同时敦促元亲出兵摄津与播磨。六月，元亲将逃到赞岐的十河存保流放，基本掌控了赞岐。八月，家康约定将三国付与元亲，信雄则请求元亲出兵淡路。

九月之后，元亲多次出兵南伊予，压制住了迎战的河野氏、毛利氏联军。在与河野氏的战斗中占据了决定性优势之后，十一月，元亲又计划联合和泉、纪伊的国人、土豪一揆袭击大坂。但正在此时，信雄与秀吉和谈，元亲不得不放弃了作战计划。

下面的文字是天正十三年正月十七日，蜂须贺正胜、黑田孝高写给毛利氏家臣井上春忠的书信（《小早川家文书》四三一）中的一部分，笔者将其译作现代语：

①三月上旬，（秀吉）将出兵杂贺。为了做好警备工作，希望（毛利方）能够派出大将级别的武将。

有关（与毛利方的）边境一事，既已约定内郡八桥（为秀吉领地），那么就这样处理吧。有关儿岛，贵方可能认为这是（毛利方的）领地而不愿放手。但由于其位于备前国境内，那么还是希望贵方能够割让。至于四国之事，②由于今年夏天会举行军事行动，（秀吉）说（战胜后）要将伊予、土佐两国奉上（毛利氏）。关于这件事，即便长宗我部元亲再怎样恳求，也绝不接受。

在画线部分②中，秀吉约定当年夏天对长宗我部氏发起攻击，并要将伊予、土佐两国献给毛利氏。这不仅表示此时的秀吉有灭亡长宗我部氏的意向，同时也是他对四国地区领国划分计划最早的明确表述，所以非常值得我们重视。

更重要的是，这封书信还是秀吉方所提出的对中国地区领国划分问题的最终解决方案。秀吉虽然向毛利方提出了颇具吸引力的条件，但又如画线部分①中所讲的那样，他要求毛利氏派出大将级别的、有能力负责海上警备工作的武将参与对纪伊杂贺一揆的攻击，而且，秀吉还要让已经进行到最后阶段的中国地区领国划分以对己方有利的条件结束。我们从中可以看到秀吉难缠又狡猾的性格。

毛利氏在二月接受了这个条件，以小早川隆景作为大将，开始进行出兵杂贺的准备，并且对悬而未决的来岛通总复国一事表示同意。随着中国地区领国划分的结束，毛利氏的领国被限制在了安艺、备后、周防、长门、出云、石见、隐岐①、备中半国（高梁川以西）、伯耆半国的范围之内。对于擅长谈判的秀吉来说，这个结果是比较有利的。

战国末期的伊予

以往的四国地区战国史研究通常认为长宗我部元亲在天正十三年（1585）春天降服河野通直，统一了四国地区。虽然一般的说法都将长宗我部元亲视作四国霸主，但事实真的如此吗？二十年来，笔者都在批评这种说法。那么，我们就以长宗我部氏四国统一战中的最后障碍河野氏为中心，从伊予国的地区权力变动说起。

在十六世纪中期的伊予，大致有五股势力并立。从东到西分别是：宇摩、新居两郡的石川氏，势力横跨伊予中部十郡的伊予守护河野氏，喜多郡的宇都宫氏，宇和郡的西园寺氏，以及以中部濑户内海为中心扩大势力的来岛氏、村上氏等海盗势力。

而且自东向南、版图细长的伊予，直到现在仍然分为

---

① 日本古代令制国之一，范围约相当于现在的隐岐群岛。

东予（四国中央市、新居滨市、西条市、今治市等）、中予（松山市、伊予市、东温氏等）和南予（大洲市、八幡滨市、宇和岛市、西予市等）。如后文所述，这些地区的形成历史各不相同，这也影响到了当地住民的性格。

那么，这五股势力之间的关系是怎样的呢？让我们从东部开始来简单看一看。

在整个室町时代，河野氏都没有能够获得宇摩郡和新居郡的统治权。十六世纪中期以后，这两郡脱离了分郡守护细川氏的控制，最后成为同阿波三好氏有姻亲关系的石川氏的分郡。分郡守护指由室町幕府以京畿地区为中心、在全国范围内设置的，统治着一个郡或多个郡的守护。

对此，永禄末年（1570），河野氏通过将军近臣梅仙轩灵超的斡旋，从将军足利义昭处获得了允诺返还宇摩、新居两郡的御内书。但是，我们仍没有找到能够证明河野氏在此之后直接管辖过这两郡的证据。而且正如前文所述，天正九年之后，这两郡确实被囊括在了长宗我部氏的势力范围之中。这一变动也可以从宇都宫氏和西园寺氏处得到确认。

宇都宫氏是下野①守护宇都宫氏的同族，在镰仓时代担任伊予守护。南北朝时代以后，宇都宫氏担任喜多郡的

---

① 日本古代令制国之一，范围相当于现在的栃木县。

地头，到了战国时代则与河野氏同样成为在编的"外样众①大名在国众②"。由此我们可以推测，宇都宫氏对喜多郡的控制是十分深入的。而公家西园寺氏则拥有曾担任伊予知行国主以及宇和郡地头的家世，把宇和庄作为世代相传的领地。其一族在南北朝时代离开京都，逐渐成为武士。

室町时代的河野氏不但无法对宇都宫、西园寺两家进行军事动员，也始终无法将喜多、宇和两郡纳为领地。然而，到了战国时代末期，河野氏、大友氏、一条氏、长宗我部氏等附近势力也为了这个两郡的统治权而大动干戈。

随着永禄十二年一条阵营的宇都宫丰纲的居城——地藏岳城（位于今大洲市）被攻破，河野、毛利联军收获了这场争霸战的胜利。河野氏在压制宇都宫氏的同时，还在天正前期控制了喜多郡北部的强大领主阶层。但由于天正十二年十月河野阵营的西园寺公广的居城黑濑城（位于今西予市）被攻破，长宗我部氏便实际掌握了宇和郡的统治权。

那么，与这些陆地上的变动相比，来岛氏、村上氏这些海盗势力又走上了怎样的道路呢？

---

① 指室町时代向幕府称臣的、并非足利同族或谱代众的大名。
② 指室町时代不到京都朝觐、长年留在领国的大名。

来岛氏的领主制演变方式基本上与石川氏类似，是凭借旧日的守护权力而走上独立之路的。在来岛通康的时代，来岛氏仍旧作为河野氏的重臣而活动，到了通康嫡子来岛通总时期却靠拢织田氏，公然与河野氏和毛利氏为敌。我们从这一时期通总给河野氏麾下的强大水军二神氏颁发军功状一事可以看出，经过多次战争，来岛氏的家臣集团蚕食着河野氏的家臣集团，同时迅速强大起来。

与来岛氏不同，村上氏则奉河野氏为主家，强化了自身作为河野氏重臣的立场。与此同时，村上氏把同族派遣到从西濑户内地区到东濑户内地区的各个海上要冲，探索着作为独立海盗势力的发展之路。他们重视维系与在濑户内海两岸实力强大的河野氏和毛利氏，以及与将军足利义昭的关系，以图成为海域之上的霸主。

对"河野氏降服说"的考证

参考前文确认过的战国末期伊予国的势力分配情况，我们再来研究一下河野通直究竟是否曾在天正十三年（1585）春被长宗我部元亲降服。此前，人们是从以下三点来证明河野氏被降服一事的。

第一，正如前文讲到的，河野氏在南予处于劣势。第二，天正十二年，长宗我部军常常用兵于中部伊予地区并且骁勇善战，而这里正是河野氏的大本营。第三，《土佐物语》中记载：鉴于以上情况，河野通直接受了河野氏家臣"本家（河野家）以后会迎来怎样的结局呢？倘若趁着国力尚且不弱时投降（于长宗我部氏）的话，作为四国首屈一指的名门，元亲应该不会以对待其他城主的标准来对待我们的。他应该会把我们当作同族、同门来对待。应该尽快给他送去（投降）信"（现代语译文）的建议，并归降了长宗我部氏。下面我们来逐条考证一下这些说法。

关于第一点，我们已经看到这种说法是属实的。但我们必须考虑到，目前并没有发现河野氏在室町时代直接统治过南予二郡的迹象。倒不如说，到了战国时代末期，河野氏将喜多郡北部作为据点，并同宇和郡的西园寺氏建立了友好关系，他们曾以这种形式将势力打入了南予地区。

而且，关于喜多郡，永禄十一年（1568）宇都宫氏灭亡后，河野氏重臣大野直昌之弟大野直之曾进驻地藏岳城。然而，他却与长宗我部氏联合，意图从河野氏中独立出来。

关于第二点，据史料证实，天正十二年二月以后毛利军开始用兵伊予。三月十七日，毛利辉元的家臣宍户元孝在伊予惠良（位于今松山市）作战。到了六月，毛利军在高仙（位于今今治市）、惠良、菊间（位于今今治市）等地多次战斗。

然而，将长宗我部军设想为毛利军的敌人却是错误的。这是因为当时占据惠良、高仙、菊间的反毛利势力是来岛氏。虽然此时来岛通总已然逃亡到了秀吉处，但他的兄长、菊间庄的庄官①得居通幸依旧占据着惠良城和鹿岛城，抵抗毛利氏。

而完全相信第三点中《土佐物语》记载的做法也是非常危险的。这部书是为了美化长宗我部元亲，由吉田孝世（长宗我部氏重臣吉田氏的子孙）在宝永五年（1708）到享保三年（1718）间写成的。在与长宗我部氏相关的军记物中，这部书的润色成分是最多的。

书中只说河野氏在"天正十三年春"归降，但并没有明确记载具体月份，这一点便值得怀疑。加之现在并没有足以证明河野氏归降的同时代史料流传下来，所以我们不能信以为真。

最具有说服力的是，在秀吉下令出征四国之前，河野通直在天正十三年六月五日的书信（《平贺家文书》）中，因受赠礼物而向出兵伊予的毛利氏重臣平贺元相表示答谢。这就清楚地证明，河野氏并没有加入长宗我部氏一方，也就是说，并不存在归降一事。如果通直已经归降长宗我部氏的话，毛利氏的家臣是必定不会向他进呈礼物的。

---

① 又称"庄司"。负责庄园的年贡征纳、治安维持等工作。

从以上三点我们确实能够看到当时河野氏的窘况，但并不能贸然得出河野氏已经归降长宗我部氏的结论。

汤筑城遗址的出土瓦

在这里，笔者想要介绍一下中野良一根据近年来汤筑城遗址的发掘成果所提出的新观点。这一新观点认为，在汤筑城遗址出土的瓦，与在长宗我部氏本城冈丰城、分城中村城遗址中出土的瓦是"同范"（相同铸模所制造）的。所以在天正十三年（1585）三月到六月期间，长宗我部氏在收降河野氏、占领汤筑城之际，曾为了显耀权力而将这种瓦铺设在正门附近的建筑物之上。

但从文物的年代出发来进行政治史研究的方法究竟是否可行呢？考古学方面的编年分类确实是极为重要的，但恕笔者孤陋寡闻，还尚未听说有人可以通过空间定位来确定年代。

我们真的可以仅凭以"コビキA"技术制造的汤筑城遗址出土瓦这一实物资料，因其与冈丰城遗址、中村城遗址的出土瓦"同范"（这种新观点也指出，这三者的尺寸和烧制工艺不同，并非在同一地点、同一时间制作的），从而排除掉其他可能性，将其与长宗我部氏关联起来吗？

所谓"コビキA"，是指在瓦的制造过程中，在对已

经从黏土块烧制成瓦的黏土板进行切割作业时，手持丝线或铁丝、将其拉近并切割分离的方法。这种技术的特征是，由于在切割时会造成黏土内部沙粒的移动，故而会在瓦的内侧留下纵向或斜向的弧形痕迹。这被认为大约是天正前期之前的技术。

关于前文中那封天正十三年六月五日河野通直写给平贺元相的书信，中野良一断定："可以说，这就是那种在任何场合、任何立场都有可能写的书信，没有足以证实（河野氏——藤田注）仍保持着权力的价值"，再次强调河野氏曾投降长宗我部氏，并交出汤筑城。

倘若这种新观点所设想的"汤筑陷落"这种重大事件确实发生过，那为何在同时代的史料中却完全没有记录呢？即使是在《元亲记》等有关长宗我部氏的军记物中也没有一句相关的记载。所以不得不说，想要依赖现有的一点文物资料来试图建构政治史是非常困难的。

从汤筑城遗址还发掘出了带有墨字"土州样（土佐守大人）"的土师质陶杯，这确实颇有意思。然而，笔者却不能赞同新观点的断言——"这毫无疑问是长宗我部氏之物"。我们能够证明这就是天正十三年前后的墨迹吗？与河野氏有联系的土佐守又只有长宗我部元亲一人吗？

例如，后来成为国分山城城主的小川祐忠（七万石）亦称"土佐守"，他很有可能为了控制位于中予地区的丰臣家直辖领地而将汤筑城划归己有。退一步说，即便这就是元亲之物，但它与新观点设想的"汤筑陷落"又有怎样的关系呢？这令笔者产生了许多疑问。

这一时期的河野通直得到母亲和妻子的娘家毛利氏的军事援助，保全了家中的旧有领地中部伊予十郡。战国时代末期的河野氏确实在争霸中落于下风，但这并不能让我们武断地得出河野氏曾归降于长宗我部氏的结论。

正如后文所讲，根据天正十三年六月二十日秀吉写给羽柴秀长的信（《平冈雅靖氏所藏文书》），我们得知在六月二十日之前，以长宗我部氏放弃阿波、赞岐两国为条件，秀吉许诺其占有"土佐一国"和伊予的"支配之地"。这里要强调的是，秀吉只承认了长宗我部氏在伊予的实际控制地区，并没有写作"伊予一国"。

以上内容再次清楚地证明，河野氏在天正十三年春归降长宗我部氏这种通行的说法是不能成立的。长宗我部氏在统一四国之前，便已经接受了秀吉的军事介入。

2. 濑户内霸主毛利氏

丰臣大名毛利氏

对于秀吉而言，天正十二年（1584）的小牧－长久手之战是一个很大的考验。这是因为，虽然在当年的十一月与德川家康最终达成媾和，但此后，秀吉面临的急迫课题却变成了该如何令继续与他作对的德川家康彻底臣服。解决这一难题的前提是，秀吉要迅速离间家康和他的盟友。

天正十三年，秀吉火速解决了仍在谈判中的中国地区领国划分问题，并动员毛利军对和泉、纪伊两国进行军事镇压，以此开始了他的军事行动。这么做的原因是，此前一年，在这两地颇有实力的纪伊根来寺以及杂贺一揆曾响应德川家康，趁秀吉在外征战之时偷袭大坂。前文已述，秀吉以毛利氏水军参战作为条件，约定在当年夏季进攻四国之后将伊予和土佐让给毛利氏，从而在天正十三年二月完成了中国地区的领国划分工作。

对于秀吉来说，中国地区领国划分的意义并非仅仅在于削减毛利氏的领地。更重要的是秀吉抓住了利用毛利氏来对西国地区进行统治的机括。事实上，毛利氏确实参与了此后在四国、九州地区进行的领国划分，并扮演起在秀吉和西国大名之间负责联络的"传达者"角色。

天正十三年三月二十一日，秀吉开始了对和泉、纪伊两国的攻击。当月二十三日，根来寺已经遭到攻击，除了大师堂、多宝塔、大传法院等建筑之外，根来寺全山都被烧毁。次日，秀吉火攻粉河寺，平定杂贺（位于今和歌山市）。此后秀吉又使用水攻战术攻破其余党死守的太田城（位于今和歌山市），将五十三名首谋者处刑。四月二十五日，秀吉凯旋。

长宗我部元亲得知自己的盟友根来寺、杂贺众已经败退，为了防备秀吉进攻，在五月中旬出兵阿波白地城（位于今德岛县三好市）、阿波岩仓城（位于今德岛县美马市）等吉野川流域的主要城郭。然而，这位难对付的长宗我部元亲同时也在探求着其他可行性措施。

秀吉接纳了毛利氏的请求，决定在五月下旬出征四国。小早川隆景在五月八日的信中，把"上众"即秀吉的军队将在当月二十五日渡海出征阿波、赞岐一事告知家中之人。但当日秀吉并未出兵，后来又将出征日期一再稍微延后，从五月二十九日改到六日三日。最终在六月十六日，秀吉出征。

领国划分计划的转变

根据秀吉在天正十三年六月二十日写给其弟——被派遣到四国的羽柴秀长的书信（《平冈雅靖氏所藏文书》），我们得知，在六月二十日之前，秀吉与长宗我部氏的使者以及毛利氏使僧安国寺惠琼进行了有关四国地区领国划分的谈判。谈判的结果是：长宗我部氏以放弃阿波、赞岐两国为条件，保住了其领地土佐以及伊予的"支配之地"。

也就是说，在这个时候秀吉允诺长宗我部氏拥有其统治范围的东部、南部合计四个郡的领地。

在此之前，长宗我部氏已经组织起宇摩郡的领主，与以新居郡为势力中心的金子氏同盟，还降服了占有宇和郡的西园寺氏，并邀得了曾根氏等喜多郡的强大领主加盟。有关伊予的领国划分谈判，最终以秀吉同意长宗我部氏要求的形式缔结了协议。

然而，安国寺惠琼却天真地认为，仅凭使河野氏势力范围的中部伊予十郡成为毛利氏领土这一结果就足以得到其家中之人的认可。小早川隆景强烈反对这个领国划分方案，认为："得不到伊予的话就太丢脸面了。"于是惠琼再次同秀吉交涉，最终决定将伊予一国赐予隆景，而长宗我部元亲只得到土佐一国。

隆景所看重的"脸面"，虽然也有因之前被秀吉动员进攻杂贺时所得到的赏赐太少而招致毛利氏家臣集团批评的关系，但为了与毛利氏同族的河野氏以及与其关系友好的西园寺氏，他无论如何都不能在封赏伊予一国的问题上做出让步。

虽然羽柴秀长此时已然出兵，但这封书信仍旧命令他改变作战计划。最初，他的任务应该是将阿波、赞岐变为秀吉领地，具体说来就是对这两国处以没收城郭等惩治性措施。随着领国划分方案的变更，秀吉方与长宗我部氏之间的战争已经不可避免，于是秀吉计划在七月三日亲征四国。

而且重要的是，此前秀吉在六月二十日的书信中所提出的将土佐一国封予长宗我部氏这一领国划分的最终方案，同样也只有在长宗我部元亲愿意投降时才会予以施行。秀吉在当月十五日写给正在与后北条氏为敌的下野国的宇都宫国纲以及常陆国①的佐竹义重的信（《成箦堂古文书》《宇都宫文书》）中，明确指出自己将要惩治长宗我部氏。我们看到，即便是在领国划分方案最终确定之时，秀吉对元亲将施以"赦免"还是"惩治"，仍然会视战况的发展而定，这依旧是有可能发生变化的。

于此，我们就明白了秀吉将出战时间推迟的缘由了。在奈良兴福寺多闻院的僧侣英俊写于当年五月二十二日的日记中，出现了"因有调停否"这样表示怀疑的记载，他还记录了秀吉在近江坂本城（位于今大津市）身患重病之事。他在六月三日的日记中提及确信秀吉在"故意作病（装病）"（《多闻院日记》）。他确实颇具慧眼。

秀吉对外以生病为由将出征延期，但这明显是装病。而这一时期的"调停"，也就是秀吉、长宗我部氏、毛利氏之间的领国划分谈判却在暗中进行，因此秀吉未能

---

① 日本古代令制国之一，范围相当于现在的茨城县。

出兵。

　　我们看到，在施行以上这些虚虚实实的策略之后，秀吉的四国地区领国划分计划在天正十三年上半年发生了复杂的变化：从一开始的将伊予、土佐封给毛利氏变为了长宗我部氏让渡阿波、赞岐并被允许领有土佐、伊予（已占领部分）；直到羽柴秀长出兵之后，领国划分方案最终变成了在长宗我部元亲投降的前提下允许其领有土佐，同时将伊予封给毛利氏。

　　读至此处的读者们想必应该已经明白那个时代的外交谈判是多么困难了吧。虽然有些内容需要我们超越时代去理解，但出类拔萃的信息收集能力、紧紧拖住谈判对手的提案能力，还有平衡双方利益的敏锐感知——倘若他们不能够磨炼自身的这些能力，也就不可能拥有强大的军事力量了。

四国地区的领国划分与九州地区的领国划分

　　秀吉决定于六月十六日征讨四国。部队的最高司令官羽柴秀长以及三好秀次在阿波土佐泊（位于今德岛县鸣门市）登陆，宇喜多秀家、蜂须贺正胜、黑田孝高在赞岐屋岛（位于今香川县高松市）登陆，小早川隆景、吉川元长在伊予今张（位于今今治市）登陆，从三面展开攻击。

七月十七日，伊予登陆军攻击新居郡高尾城（位于今西条市），击毙了金子元宅；此后又连续攻克新居、宇摩两郡，逼近长宗我部元亲的大本营阿波白地城。赞岐登陆军则连续攻下牟礼、高松、香西诸城（均位于今高松市），与阿波的三好秀次军会师。而阿波登陆军则攻克了木津（位于今鸣门市）、牛岐（位于今阿南市）、一宫（位于今德岛市）、岩仓诸城。

结果，长宗我部元亲自己并没有发动决战。到了八月六日，双方讲和，元亲被允许领有土佐一国。有意思的是，当年闰八月五日，元亲在给蜂须贺正胜的信（《蜂须贺侯爵家文书》）中讲述了此次媾和的背景。在这封信中，元亲认识到了媾和谈判能够达成，蜂须贺氏的斡旋起到了非常重要的作用，同时他表示希望蜂须贺氏日后也能够继续"指教"自己。

元亲在信中称秀吉为"殿下"，这是由于秀吉在征讨四国时，于七月十一日就任关白。长宗我部氏正是依靠着关白的"宽宥"与蜂须贺氏的"指教"，在日后逐步确立了丰臣系大名的地位。

秀吉对四国地区的领国划分，以将阿波封给蜂须贺家政和赤松则房，将赞岐赐予仙石秀久和十河存保，将伊予分配给小早川隆景、安国寺惠琼、来岛通总、得居通幸而暂且告终。对于秀吉来说，通过将阿波、赞岐封予丰臣系大名，自身的领土得以扩大，更重要的是，这同时意味着将小早川氏、来岛氏等丰臣阵线的水军部署在了伊予。因为这样一来，秀吉就能为必将实施的征讨九州奠定基础。

在此，我们稍微讨论一下四国地区领国划分与九州地区领国划分的关系。早在天正十二年（1584）之后，大友氏便因遭到岛津氏的攻击而屡次向秀吉求援。同年三月，龙造寺隆信与岛津、有马联军对阵，战败而亡。由此，之前九州地区岛津、龙造寺、大友三足鼎立的局面结束了。

其后，岛津氏开始正式入侵大友氏的领国。针对这一情况，秀吉大约最迟在出征四国之时就已经将征讨九州确立为自己的既定方针。到了天正十三年八月，"长宗我部和平之事"以及秀吉"如征讨四国一般，不日将渡海九州"的风声已经传到了岛津氏治下（《上井觉兼日记》）。

果然，在当年十月二日，秀吉命令岛津义久停战，并通告对方，纷争应由关白裁定解决，倘若不从便要加以惩治（《岛津家文书》）。到了天正十四年对九州发起攻击的时候，秀吉几乎将所有的"中国、四国势力"——毛利氏、小早川氏、长宗我部氏、仙石氏、来岛氏等任命为先锋。

我们有必要将四国地区领国划分的结果与秀吉对九州地区领国划分的构想关联起来一并考量。于是，可以得出结论：秀吉对四国地区发动攻击的本质，是以将四国地区变为后日征讨九州的前线基地为目标而对四国地区进行的一种处理。在此我们还可以看到秀吉后来对其属下大名无休止地进行军事动员的最初形态。这种军事动员一直持续到他对朝鲜发动侵略战争之时。

征服伊予之战

在占领新居郡到宇摩郡一带之后，小早川隆景率军掉头西进，剿灭河野方驻扎在周布、桑村、越智、野间、风早各郡的将领，最终降服河野通直，进驻其居城汤筑城（位于今松山市）。隆景以此处为据点，继续征讨南予地区，终于完全征服了伊予一国。这是《爱媛县史》（古代Ⅱ·中世及近世　上）中记载的通行说法。

这一时期的相关史料存世极少，所以这种说法主要是依据《予阳河野家谱》一书中的相关记载演绎而成的。自然而然地，我们会对小早川隆景突然对与己方关系友好的河野方诸将反颜相向、发起攻击，甚至还降服与本家有亲缘关系的河野通直一事产生怀疑。

正如前文所述，河野氏与毛利氏直到最后都在联手与长宗我部氏进行作战，故而我们不可武断地相信上述之事。即便是在《爱媛县史》中，也对《予阳河野家谱》记载的"与毛利氏关系密切的村上武吉困守其居城国分山城（位于今今治市）以抗隆景"一事给出了"尚有探讨的余地"的评价。

我们应该认为，小早川隆景并未与无意反抗的河野氏和西园寺氏发生战斗，因此也并没有将他们贬作平民。据说河野通直献纳汤筑城后蛰居在城下町，而西园寺公广也被允许在黑濑城居住。

可能是由于河野通直并未与秀吉结成主从关系，所以他的家臣集团仍在汤筑城协助小早川隆景管辖伊予。而西园寺公广的家臣集团中仅有一部分重臣被允许留在居城。可以说，小早川隆景将河野通直和西园寺公广当作客将来对待，并给予他们一展身手的机会，这使得他们依然拥有日后恢复大名身份的可能性。

在通直和公广眼中，小早川隆景应该算得上是一位大恩人吧。毕竟，以他们的军事实力是不可能战胜长宗我部氏的，至于单独与老奸巨猾的秀吉折冲樽俎，就更加做不到了。直截了当地说，秀吉当时也并没有把河野氏或西园寺氏看作自己的外交对象。他们也只能暂且在隆景的庇护之下蓄积实力，以待来时。

在秀吉进攻九州之际，小早川隆景曾对河野氏的"援助"表示感谢，还对西园寺公广及其部将法华津氏、土居氏等人进行军事动员。这一点也能说明他们当时的境况。所以，隆景对南予地区的征服仅仅是针对长宗我部阵营中坚持抵抗的曾根氏、大野氏等势力而已。

四国地区领国划分的结果是伊予一国被纳入毛利辉元的势力之下，辉元的叔父小早川隆景成为国主。而且秀吉同时将安国寺惠琼部署在和气郡，将得居通幸、来岛通总兄弟封于风早郡，这样丰臣系领主也各自得到了伊予国内的领地。

闰八月十四日，秀吉写信给四国征讨军监军蜂须贺正胜和黑田孝高，命令他们迅速从伊予国内各位旧城主的手中接收城郭，再将之让渡给小早川一方，并要求他们在这项工作结束之后便偕同人质返回大坂。

当月十八日，秀吉指示小早川隆景接收"与（予）州国中诸城"，同时命令他对城郭进行细致的整理与统合，也就是丰臣政权以令制国为单位所进行的以城割和检地①为核心的统治政策——"国置目"（下文写作"仕置令"）。

将征服地区及其城郭暂时没收归公（被丰臣政权所没收）之后再将其重新分派给新的领主——我们也可以从这种程序中看到丰臣政权作为织田政权的继承者所实施的大名政策。代替河野氏进驻汤筑城的小早川隆景从九月

---

① 城割又叫"破城"，是拆毁、破坏城郭的意思。检地是对农田面积和收获量进行的调查，相当于现在的税务调查。

开始正式着手对伊予进行统治。他在喜多郡大善寺（位于今大洲市）和宇和郡龙泽寺（位于今西予市）等寺院张贴确保和平的禁令，在宣布战乱结束的同时开始进行城割。

幻之新城

接下来，我们来讲一下小早川隆景为了统治伊予而筑起的新城。此前，我们是通过天正十四年（1586）访问伊予的传教士所写的如下记录而得知此城的。

弗洛伊斯在其《日本史》中说："大量的劳力正在营建一座非常高大且美丽的城郭"，"一座正在很高的山顶上建起的新城"。在他的《一五八六年报告书》中记载，在濑户内海的航船上就能望见这座城，那是一座"宏大而坚固的城""建筑在山上的极高的城"，等等。然而直到 1993 年笔者对此发表观点以前，人们并不清楚这座城的位置以及具体情况。

证实此事的最有力线索是现藏于松山市保免町药师寺的《大般若经》后记中的记述："天正十四（丙戌）本国管领毛利小早川隆景渡凑山之城也。"笔者认为这条记述的笔迹并不存在问题，故而隆景的新城就是凑山城的可能性极高。而且其中使用了"本国管领"这样的说法，直接表明了当时伊予国的人们对于小早川隆景的统治有着怎样的认知。这确实很有意思。

文明年间（1469～1487），凑山城被河野通春——属于与河野氏首领河野教通敌对的河野氏分家予州家——所占据，因而可以认为在战国时代以前，该城是以控制港湾为目的而修筑的。笔者认为，小早川隆景在选址时不但考虑到当地与自己的大本营备后三原（位于今广岛县三原市）之间的交通情况，同时也参考了秀吉的九州战略。最终，隆景在天正十四年三月，在汤筑城的外港三津（位于今松山市）修筑了这座城。

据小早川隆景在天正十四年三月五日写给乃美宗胜的信（《萩藩阀阅录》）中记载，此前隆景已经与"道后的奉行众"——河野氏家臣商议过，于是决定将工事分摊给当地的国人。此事在隆景前一日的书信（《小早川家文书》）中也能得以确认，信中讲了隆景与垣生肥前守、出渊筑后守等河野氏家臣商议，计划通过大规模动员国人的方式实行突击作业。

那么这座凑山城究竟是一座怎样的城郭呢？根据现场调查，我们确定凑山城位于海拔约五十米的凑山之上，东西长约二百米，南北长约一百五十米。局部工程中使用了砌石施工。东部呈台阶状建造的曲轮墙面使用了高度约在一米以下的野面积施工法（将天然石块直接堆积起来的方法）。还有报告指出，山顶部分的装修采用了颇具织丰时代城郭特色的瓦（这是已故的森光晴先生告知笔者的）。

随着凑山城的筑起，在对岸与其隔着相当于护城河的海湾相望的三津便足以被整顿成为该城的城下町。而另一方面，道后地区也以前所未有的态势发展起来。能够证明此事的一例便是天主教徒所建起的教会。

天主教传教士曾向秀吉请求，希望能够允许他们建立三所教会作为传教的据点。这三所教会的候选地点就是下关、山口以及道后。天正十四年，耶稣会副管区长加斯帕尔·科埃略一行造访正在修建中的凑山城并拜会小早川隆景，获得了建立教会的许可。

天正十四年的伊予存在两座大规模的城郭：汤筑城和凑山城。小早川隆景正是以这两座城为中心，利用城割后形成的据点城郭网，正式展开了对这一地区的统治。

实施检地

天正十三年征讨和泉、纪伊后，领有这两国的羽柴秀长在受封之后立即进行了检地。与之类似，天正十四、十五两年（1586、1587）毛利氏也在伊予国实施了检地。所以我们也可以将本次伊予的检地看作秀吉命令小早川隆景执行仕置令的一个环节。

毛利氏家臣玉木吉保在《身自镜》中记述，伊予的检地发生在他三十、三十一岁时。书中还记载，吉保三十一岁的那年发生了丰臣政权征伐九州之事，所以将这一年推定为天正十五年应该是没有问题的。下面是当年九月一日小早川隆景写给乃美宗胜的书信中的一节，其中涉及他命令凑山城中的村上武吉、村上元吉父子改换领地并实行检地的内容。笔者将之译为了现代语：

> 此次关于新居郡大岛的领地改换，是将来岛氏的领地弓削、岩城之内四十贯文的领地作为大岛的交换领地赐予东右近助（村上氏重臣）。此事应告知村上武吉和村上元吉。那么有关日吉之内神社家十六贯文之领地，目前仍未检地以明确其石高。因为这是在凑山城内通告之事，故而一定要宣布对其进行管制。

这一条是《萩藩谱录》中村上图书的条目里收录的史料，之前学者们判断这是在来岛氏叛离之后不久的事情，推定其时间约为天正十年。但这条史料中又言及小早川氏指示其重臣乃美宗胜代替村上氏管制领地并执行检地，所以我们应认定这是发生于天正十三年小早川氏成为伊予国国主之后的事情。有关新居大岛（位于今新居滨市）因何成为交换领地一事，我们将在后文详细讨论。

凑山城的出现给了我们推定年份的提示。由于天正十三年九月，凑山城这个新据点尚未完工，而且天正十五年小早川隆景又转封至筑前①名岛，所以我们可以将这一史料的时间推断为天正十四年。这条史料也正是隆景以凑山城作为统治伊予的大本营的一个证据。

引入预治思想②

小早川隆景统治伊予国时期，仍旧以备后三原为本城。比如，他在天正十三年（1585）十二月前往大坂觐见秀吉后，仍旧首先回到了三原。次年，秀吉开始进攻九州地区，他作为毛利氏麾下一军也是从备后三原城出征的。

结果，隆景在伊予仅仅停留了不到两年的时间。而且这段时间内他参与了纳城、城割、筑城、检地等诸多大事，相当繁忙。而毛利氏家臣都参与了这些工作，所以我们可以看出，小早川隆景与丰臣政权的看法不同，他认为自己不过是毛利氏负责管辖伊予的一名部将。将这一关系绘制成图的话，就呈现如下图所示的情势。

---

① 日本古代令制国之一，范围相当于现在的福冈县西部。
② 预治思想是作者藤田达生在《信长革命——"安土幕府"的冲击》一书中提出的概念。根据藤田的解释，预治思想指否定日本传统的主从制度，对家臣个人能力进行考察并根据其能力将领地、领民、城郭交予他们管理的政治构想。

丰臣秀吉与海盗大名

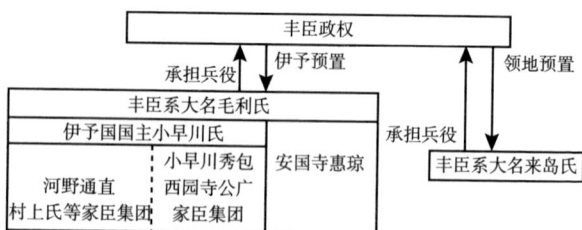

小早川隆景任国主时期的伊予国权力关系图

在这里我们探讨一下受封伊予对于毛利氏的意义。此前毛利氏作为中国地区最大的战国大名，虽然扩大了领地，但在这之后也成了秀吉麾下的大名，也就是丰臣系大名。于是新国主小早川隆景便服从秀吉所下达的具体指示，依照仕置令开始了对伊予的统治。

即便将城割和检地分开来看，它们也都是相当大规模的任务。这与毛利氏以往在中国地区攻城略地并对归降的领地进行基本的安堵①这种操作方式在根本上就是不同的。此次的做法是强制性地实施了如下基本原则：通过军事手段否定了中世时期式的领主权，将令制国没收归公，而"天下人"秀吉则将领地、领民、城郭分派下去。

笔者在旧作《信长革命——"安土幕府"的冲击》一书中曾提出了织田信长的预治思想，而以上政策就是秀

---

① 指日本中世时期，幕府或守护对领主的土地所有权的承认。

吉基于这种思想而施行的。信长认为，将祖上传下来的领地死守下去的中世时期武士的价值观正是对旧式的权威结构进行再生产、使得战国时期的动荡长期化并陷入泥沼的根本原因。为了打破这种价值观，他将半路出家的明智光秀以及出身不明的羽柴秀吉提拔为重臣。信长向家臣集团宣传实力主义的重要性，并试图将其变成常识。

在此基础上，织田信长在与大坂本愿寺和谈、清除了畿内地区的敌对势力之后，自天正八年起立即开始正式引入预治思想。具体来说，就是从大和国开始，在丹波、丹后、和泉等畿内各地断然施行全国规模的检地和城割。

例如，在大和国，织田信长曾向兴福寺等庄园领主施压，强制进行检地，同时将抵抗该政策的地点逐一击破。而身为大和国国主的筒井顺庆则在进行城割的一开始就毁掉了自己的居城筒井城。近年来的考古挖掘发现，当时他不仅破坏了筒井城中的建筑物，还采取了填平内护城河等十分彻底的手段。

信长之所以想要采取像"革命"一样彻底的手段来达成这一目标，是出于这样的考虑：倘若他没有夺取战国大名、领主的领地并强行令其进行大规模的领地交换，同时断然实行合适的人事派遣的话，那么处于大航海时代的日本在面临着甚至可能沦为殖民地的危机时，是不可能诞生足以应对这种危机的统一国家的。

读至此处的各位读者，会不会出现"在战国大名们争霸战的最后一定会实现天下一统"这种命定论式的想法呢？地方分权和中央集权这两种发展的方向是完全相悖的。不怕被误解地说，如果没有信长和秀吉的出现，那么占据数国的割据大名依旧会一边重复着合纵连横一边继续拥戴着朝廷或幕府，这种战国时代末期的国家体制很可能会继续存在下去。

这是因为，战国大名即便扩大了领地，基本上也只是被允许领有从属领主的领地。而信长及其继承人秀吉所主导的统一战争则是一种"革命"：剥夺全国领主的本主权（对祖上传下来的领地所拥有的传统意义上的统治权），重新将有能力的统治者任命为国主大名以下的领主，把领土、领民、城郭交予他们管理。

在这之后，领地便成了公有领地，领民便成了天下之民，城郭便成了天下之城。正因为有了这种理念上的定位，所以接壤的大名之间便不会因此而发生战争。若是在此基础上根据政治状况对大名实行转封的话，大名便变成了"盆栽式"大名——实质上是从封建领主转变为了官僚。直到江户时代，统治者才真正贯彻了这一做法。

秀吉以仕置令的形式将这种基于预治思想的政策确

立下来，并将其作为统一大业的基本政策而强制执行。所以我们就可以理解，对于毛利氏来说，受封伊予正是让他们具体学习到"什么是丰臣化大名"的契机。所以在这个意义上，秀吉把小早川隆景培养成了新时代的统治者。

第四章　战国落幕

1. 海盗活动禁令[①]

并非海盗禁止令

在漫长的外交谈判的最后——从天正五年（1577）到天正十三年，从秀吉成为中国方面军司令官到中国地区领国划分结束时，秀吉利用已经成为丰臣系大名的毛利氏使海盗大名河野氏臣服。这就是秀吉对濑户内地区的海盗世界进行重组的第一个阶段。

---

① 原文为"贼船禁止令"，即"海盗船禁止令"。参照文中对"贼船行为"的解释（袭击船只、对人口和物资进行抢掠的行为），为避免将后面的"贼船行为"生硬地翻译成"海盗船行为"，所以将这一章的"贼船"翻译为"海盗活动"。"贼船禁止令"与之统一，译为"海盗活动禁令"。

鉴于历史情况，伊予国国主小早川隆景无法完全否定以河野氏为首的中世时期以来的伊予国势力。对此，秀吉结合对九州地区实行领国划分的既定方针，断然对河野氏、西园寺氏以及以村上氏为代表的海盗势力进行处理，将之作为丰臣政权新的西国政策。这就是秀吉对濑户内地区的海盗世界进行重组的第二个阶段。

以此为契机，斋岛（推测是今广岛县吴市海上的斋岛）发生了海盗活动事件。以下史料记录了这一事件。

一、就在严厉禁止各地海上的海盗活动之时，（秀吉）听闻在备后、伊予两国之间的伊津喜岛（斋岛）仍有继续活动的海盗，对此非常不满。

一、地头、代官应迅速对诸国、诸海域的水手、渔夫等驾船人员进行调查，要求他们写下保证今后不会进行任何形式的海盗活动的誓约书并联名签署。誓约书集中交到该国国主处，并由国主大名呈交（秀吉）。

一、今后，若由于给人①领主的疏忽而出现从事海盗活动之人的话，（秀吉）将对领主进行处罚。出现这种情况的地方，将永久没收当地给人领主的领地。

---

① 指战国时代从大名处得到土地并成为其家臣的人。

丰臣秀吉与海盗大名

以上这三条禁止海盗活动（袭击船只、抢掠人口和物资的行为）的法令，就是天正十六年七月八日秀吉所颁行的三条所谓"海盗禁止令"（早稻田大学图书馆藏《旧近江水口加藤家文书》）的现代语译文。该法令使用大高檀纸书写，宽四十六厘米，长六十五厘米。以这种尺寸来判断，我们可将其看作典型的关白秀吉朱印状。

虽然这一文献更多在西国地区流传下来（《岛津家文书》《大友家文书录》《加藤清正家藏书》《立花文书》《小早川家文书》《本法寺文书》等），但我们仍应将其看作针对"诸国""各国"，也就是当时丰臣治下的所有领地而颁行的重要法令（下文亦会根据情况称之为"天正十六年令"）。

此前也有人指出过，第一条开头"就在严厉禁止各地海上的海盗活动之时"这句话明确地说明了这条法令并非第一次颁布。实际上，在天正十六年令之前秀吉就曾严令禁止海盗活动。

历来，围绕着这一法令的阶段性发布过程及其在一定范围内的有效性等细节内容，人们并未有过相当多的研究和争论。恐怕在人们的脑海中早已有了"在秀吉强大的军事实力面前，海盗的任何反抗都是螳臂当车"这样的固定印象了吧。

一般来说，明治时代以来的海盗史研究都没有设想过在海盗禁止令发布之后海盗世界是如何存在的。即便是通览那些比较有代表性的研究成果，他们也全都否认海盗禁止令颁行之后海盗们对于原有海域仍然拥有控制权，并且描绘了海盗们流离失所的衰落史。比如，在写作本书时，笔者曾走访了以重要海城为主的一些相关历史遗迹，却看到这些地方的解说板上面都写着：此地曾遵照海盗禁止令进行城割，因而废城。

虽然海盗禁止令所针对的是海关，但很明显，它不会毁掉所有的海关。因为在这一阶段，对于丰臣政权以及各个大名来说，无论平日还是战时，为了维持海上秩序，一定数量的公立海关是必须存在的。正如后文还要谈到的，出征朝鲜时，丰臣政权在每个要冲之地都设立了禁止通行的海关，以此来监视战场上的逃兵。海盗们则作为从当地选任的工作人员对这些海关进行管理。

显然，我们不能认为海盗禁止令的颁行一举消灭了海盗世界。而其文中的三条内容所禁止的只是海盗活动，也就是指海盗势力私下设置海关、袭击那些没有缴纳礼金的船舶并对人口和物资进行抢掠的行为。从天下统一战争到海外用兵，在这种持续性的战时体制下，将这种禁令贯彻下去并不是件容易的事情。从现实角度来看，秀吉只允许公立海关的存在，我们应该将禁令当作实现这一目标而采取的一个举措。

这么说的理由在于，直到江户时代初期，即便是像毛利氏这种实力强大的大名，其海上的警备工作也仍旧不得不委托给那些独立性较强的海盗势力。而到了政府以监督体制来代替海关的阶段，这些海盗们则变身为船手众等水军力量，从各藩得到领地。至此，自海盗禁止令的颁行已经过去相当长的时间了。

海盗禁止令并非禁止海盗本身的存在，其本质是对海盗活动的严厉禁止。对于中世时期的海盗来说，设立海关属于他们自身的正当权利，然而，此后却只有公立海关才被允许存在。所以我们在后文将其定名为"海盗活动禁令"。这是因为，人们长期使用的"海盗禁止令"这一名称未能准确地表达出禁令的本质特点，笔者担心它会助长人们的误解。

海盗活动禁令与拆毁海城

我们来举例说明海盗活动禁令是怎样得以落实的。禁令发布的前一年，结束了九州地区领国划分工作的秀吉在天正十五年（1587）六月十五日给浅野长吉（后来的浅野长政）和户田胜隆写了一封信（《深堀家文书》）。下面是这封信节选部分的现代语译文：

据实相告。如（秀吉）所说，除筑前、筑后①、肥前仍存的各个城郭之外，即使是那些小规模的房屋、围墙等也应悉数拆毁。因此在（秀吉）命令各地严禁海盗和强盗活动时，发生了肥前国高来郡的深堀纯贤的事情。秀吉听说有居住在海边，对中国、南蛮以及（日本）的商船进行无差别袭击的歹徒，便指示要从纯贤那里获得人质并尽快拆毁他的房屋。而领地可能要转赐给其主君（龙造寺政家）。

秀吉在结束九州征伐之后，立即在天正十五年五月向除萨摩②外的九州全境发布城割令。这就对应了开头部分"除筑前、筑后、肥前仍存的各个城郭之外，即使是那些小规模的房屋、围墙等也应悉数拆毁"一文。

其后的部分讲述了秀吉命令各地严禁海盗、强盗活动。因此我们可以认为，在秀吉写下这封信的天正十五年六月十五日之前，丰臣政权已经下达过海盗活动禁令（下文亦会根据情况称之为"天正十五年令"）。我们从开头部分的内容可以看出，这个命令是与九州北部的城割令联合下达的。故而，有关秀吉发布该禁令的时间上限问

① 日本古代令制国之一，范围相当于现在的福冈县南部。
② 日本古代令制国之一，范围相当于现在的鹿儿岛县西部。

题，我们可以确定的是，该禁令的颁行是在六月七日秀吉到达筥崎以后的事情。

同样，镰仓幕府法（增补法第二二七条）也规定了禁止海盗活动和强盗活动的内容，南北朝时代的在地领主①法以及室町幕府法也基本继承了这一规定。故而严谨地说，我们不能将这个法令当成秀吉的原创，应将秀吉的海盗活动禁令看作中世时期的海盗活动禁令的发展。

深堀纯贤在靠近长崎湾的"海边"建起了城郭（肥前俵石城）与海关，并以此为据点进行无差别的海盗、强盗活动。丰臣政权发布的城割命令便是针对这些被海盗、强盗当作据点的"房屋、围墙"。关于这件事，弗洛伊斯在《日本史》中这样记述：

（正当此时）曾将我等之事告知关白的人，向他报告说长崎附近有个名为深堀（纯贤）的大海盗，他的抢掠给长崎居民造成了很大的危害。（于是）他立即送信给肥前国国主，向其下达了毁坏（深堀氏）之城并向对方讨要人质等类似的命令，并表示要严厉惩处深堀。

---

① 指日本中世时期生活在当地，对庄园、领地进行统治和管理的领主层。

我们据此可以得知，丰臣政权发布海盗活动禁令的原因是遭受深堀氏侵扰的那些从事海外贸易的商人以及长崎周边的居民向秀吉鸣冤。而深堀氏（后来成为佐贺藩家老深堀锅岛家）不仅交出人质、接受城割，同时还被整编为龙造寺政家的家臣，丧失了自身的独立性。

在这里笔者想起了在四国地区领国划分后的天正十三年十一月，伊予国国主小早川隆景依据誓约书，要求村上水军领袖村上武吉、村上元吉父子让渡来岛海峡上的要冲武志、中途两座海城一事。由于当时村上氏属于同毛利氏关系友好的水军，所以我们不能将此事看作隆景对敌对势力进行的战后处理。

另外，我们来回顾一下前面提到的新居大岛城被隆景指定为交换领地一事。即使在整个燧滩范围内来看，该岛的大岛浦也是一个十分重要的避潮、避风港口。正如被命令交换领地的东氏是村上氏的重臣，被指定为交换领地的大岛城同样是一座与村上氏关系匪浅的海城。从这一点来看，大岛浦很可能是一座典型的拥有海关的札浦。小早川隆景可能就是看中了这一点才接收了该地。就像后文所说，大岛城在此后也作为一个监视海域的岗哨而发挥着作用。

在伊予进行的城割中，自不必说那些被反抗新领主小早川隆景的人当作据点的城郭，连那些作为海盗根据地的海城与海关也成了要拆毁的对象。于是，自同年九月开始，伊予的城割工作迅速而强硬地实施下去。除了那些原先属于长宗我部方势力的城郭，就连守护河野氏以及村上氏的城郭也都成了城割的对象。此次城割在次年即天正十四年三月进入最终阶段，对拥有两万贯以上领地的约十座城实行了清理式的城割，可谓十分彻底（《萩藩阀阅录》）。

由此，我们确认了这一事实：丰臣政权在四国地区领国划分和九州地区领国划分之后所发布的城割令，不仅针对战国大名以下各级领主的城郭，而且还将海盗的海城及其附属海关作为实施的对象。所以我们看到，丰臣政权最迟在将濑户内海地区纳入版图的天正十三年，也就是在进行四国地区领国划分之前，就已经将严禁海盗活动列入了基本政策。那么对于这件事，在濑户内海地区颇具代表性的海盗村上氏又如何应对呢？

称霸的海盗势力

村上武吉、村上元吉父子遵照小早川隆景的命令，献出了与来岛城距离极近的武志、中途两城。此事与自天正七年（1579）以来一直与村上氏为敌的同族来岛氏在秀吉的要求下复国，以及四国地区的领国划分确立了来岛氏丰臣系大名的地位两件事密切相关。

然而，即使到了天正十四年，村上氏似乎仍旧以能岛城为根据地频繁进行着海盗活动。弗洛伊斯的《日本史》中有一段长文与此事相关：

> 副管区长（科埃略）从室出发，继续旅行。（不久）他们（一行）到达了一座岛。这座岛上面住着日本最大的海盗，他们在那里建起了巨大的城郭，拥有大量的部下、土地和船舶，他们的船不断袭击着（猎物）。这位海盗名叫能岛大人，他有着强大的（势）力，所以他国沿岸和海边（的居民们）由于太过害怕遭到（能岛大人的）破坏，于是每年向他进献贡品。

> 这（附近）有众多岛屿，所以他们（同僚）这些神父和修道士们必须不断乘船而行，一直面临着落入海盗之手的危险。因此，副管区长神父想要试着同那个人交涉一下，看看能否得到通行（保证）书。（也就是说如果能够得到）这个，即便是被他手下的海盗捉住，也可以避免遭到掠夺和加害，能够全身而退。

> 我们此次正好要前往伊予国，身处距离（能岛大人的）城二里左右的地方。所以副管区长（科埃略）让一名日本人修道士带着礼物前去与他交涉。

我们向（能岛大人）请求带有善意的宽大对待，希望能够得到（他所签发的）署名以此来保证己方能够自由通行。（能岛大人）很尊重那位修道士，热情地款待他，并招待他到自己的居城。然后，他还想要再卖些人情给我们，但显得有些踌躇，说："你们耶稣会已经得到了天下之主关白大人的善意对待，不需要像我这样的人的好意。"但修道士再三向他恳求，他便给了修道士绣有自己标志的丝织旗帜和署名，说可以在遇到危险的船只时出示给对方。这是（这位海盗）能够向神父表示出的最大善意。

这是天正十四年耶稣会使节科埃略一行在濑户内海为求得"通行（保证）书"，也就是通关文书（关卡的通行许可证）而访问能岛城时的记录。正如书里所言，此时的村上氏仍然是"日本最大的海盗"，说他们"拥有大量的部下、土地和船舶，他们的船不断袭击着（猎物）"应该也是事实。

即使到了这一阶段，村上氏仍然拥有发行海域航行的通关文书的权力。书中讲"绣有自己标志的丝织旗帜和署名"，所以通关文书指通行旗帜。因而我们可以认为，村上氏在加强对毛利氏从属程度的同时依然保有一定的实力和权威，他们仍然是濑户内海地区最强大的海盗势力。

丰臣政权从天正十四年起正式着手对九州的进攻。秀吉一边计划着利用毛利氏作为征讨九州的先锋，一边事无巨细地对毛利氏的领国管理模式发出指示。其中，一个不应被忽视的事例就是秀吉在当年四月十日发给毛利辉元的朱印状（《毛利家文书》）中曾明确下令废除毛利治下的海关。

但是，要想让当时的毛利氏强行废除村上氏的海关是近乎不可能的。最重要的原因是，毛利氏尽管同秀吉商定了对来岛氏的处理，又被多次征召参与战争，但最终还是接受了秀吉的要求。他们对村上氏一定充满了内疚之情。

由此，我们便看到了前文中那个依旧活跃的村上氏。确实，村上氏接受了一部分海城的城割并且废除了与海城同时运营的私营海关。然而，只要不与来岛氏出现冲突，秀吉也默认了他们像原来一样继续进行海盗活动。毕竟，那些残余下来的村上氏海关在理念上已经被定位为得到国主小早川隆景承认的"公立"海关。可是，到了天正十五年九州地区领国划分之后，很快事情就发生了剧烈的变化。

海盗活动事件

从天正十三年（1585）的四国地区领国划分开始，经历了天正十五年九州地区的领国划分以后，丰臣政权对海盗活动的禁止政策逐渐正规化。四国地区领国划分以前，丰臣政权就曾发布过海盗活动禁令，此后又强行对海盗的据点实行城割并废除其海关。但这些政策在面对濑户内海上颇具代表性的海盗、称霸一方的村上氏时，却执行得并不彻底。

然而，在九州地区领国划分后不久，丰臣政权终于与村上氏发生了正面冲突。冲突的前提则是前面所提到的，天正十五年六月七日到六月十五日期间秀吉颁布海盗活动禁令一事。当时发生的违背该禁令的海盗活动事件标志着濑户内地区的海盗势力即将发生决定性的改变。下面是相关史料的现代语译文：

> （秀吉）听闻能岛氏最近在进行海盗活动，认为这是罪大恶极之事。这也是无奈之举，原本对此事的处理应由我来发布，但由于这是在您领地发生的事情，所以还是交予您来好好处理。然而，如果有辩解的需要，应让村上元吉尽快前来大坂，（向秀吉）陈述情由。倘若您无法处置（村上元吉），那么（秀吉）或将派军前往。

这是天正十五年九月八日秀吉发给小早川隆景的朱印状（《小早川家文书》二八六）中的一节。针对"能岛"

即村上氏所进行的海盗活动，秀吉命令小早川隆景对其进行惩处。应该注意的是，秀吉不仅认为海盗活动"罪大恶极"，还命令村上元吉火速前往大坂说明情况，并且断言，倘若小早川隆景没有履行对村上氏的处罚则由自己出兵镇压。

有关这一事件，我们从山口县文书馆架藏的《村上文书》中可以得知：从天正十五年七月到九月，村上元吉多次向浅野长吉、增田长盛、户田胜隆、福岛正则等丰臣直属家臣派遣使者，同他们交涉以求得到较为温和的处理。下面我们来根据《村上文书》所收录的一系列史料，按照时间顺序来还原这次海盗活动事件。

七月八日，浅野正胜致信村上武吉和村上元吉，提到其主君浅野长吉已经批复了村上氏家中并没有所谓的主谋"清右卫门尉"之人的报告。但别人还会对村上家进行彻底搜查并呈报秀吉，故而信中告诫村上父子一定不可疏忽大意。

根据信中的"再启"（在书信开头部分补写的内容）可以得知，村上父子向浅野长吉赠送了二百目①银子以及一把刀，还赠送给浅野正胜四枚银币。这说明村上父子为了大事化小，必定花费了大量的金钱。

----

① 同"匁"，重量单位，1 匁约为 3.75 克。银 1 匁 = 100 文。

在七月二十七日的书信中，增田长盛和户田胜隆向村上元吉询问有关海盗活动事件的情况，但并未得到答复。倘若参与该事件的证据被发现，那么不仅清右卫门尉会被处刑，他的主人村上元吉也可能会遭到连累。所以信中说，希望村上元吉趁秀吉还未得知此事时将"恶徒"处理掉，将"海上静谧（平息海患，使海域安宁平静）"铭记在心。

从这里我们可以看到，对于佯装无辜的村上氏，丰臣政权表现出了"这种伎俩已经没用了"的威胁态度。

而过了大约一个月之后，事态变得更加严峻起来。从八月二十二日增田长盛、户田胜隆写给村上元吉的信中可以发现，元吉再三因"贼船之事"联络长盛和胜隆，希望能够得到相对温和的处置。但事情似乎进展得并不顺利，此前海盗活动事件的来龙去脉还是被呈报给了秀吉。

九月四日，户田胜隆在写给村上元吉的信中讲到，浅野长吉与增田长盛已经赴京将这次的事件"传入秀吉之耳"，但胜隆估计此事尚不至于演变到十分严重的程度。然而事与愿违，事情还是演变成了前面所介绍的结果——那封九月八日发给小早川隆景的秀吉朱印状。

根据九月二十七日户田胜隆写给村上元吉的信以及九月二十八日某人写给村上元吉的信，可以得知毛利辉元与小早川隆景分别收到了秀吉的朱印状（给隆景的朱印状即指九月八日的秀吉朱印状）。胜隆在信中建议村上元吉火速前往大坂向秀吉说明情况。

九月晦日①增田长盛的书信中说："事到如今，尚请前往辩明为宜。"同一天，福岛正则的信中也说："应去报告己方并无不法行为。"二人都向村上元吉提出了类似的建议。然而，《村上文书》所收录的一系列相关史料却戛然而止，所以我们无法得知在这之后村上元吉是否曾动身前往大坂。

岛津氏上京

通过以上内容，我们可以根据目前发现的最初史料的日期，将海盗活动事件的发生时间推定在天正十五年（1587）七月八日之前。那么我们再来研究一下该事件发生的时间上限。给我们提示的线索就在前面提到的七月八日浅野正胜书信里"此次贼船事件，若岛津大人直接向上样（秀吉）禀报，则将愈发棘手"一句之中。

也就是说，有关清右卫门尉参与的海盗活动，浅野正胜十分担心岛津义久会直接向秀吉报告。这简直就是在说：关于村上氏家臣清右卫门尉进行海盗活动一事，村上氏的对手就是岛津氏。

---

① 当月的最后一天。

那么我们立刻看一看岛津义久的活动。投降秀吉后，他于天正十五年六月十五日从鹿儿岛出发上京，六月二十五日在筑前筥崎（位于今福冈市）拜谒秀吉，次日又陪同秀吉出席了茶会。如果海盗活动事件是在这之前发生的话，那么岛津义久就有可能直接将其告知秀吉，故而该事件应当是在此后发生的。

六月二十六日，也就是茶会当日，岛津义久便从海路离开。六月二十九日他在下关落脚，石田三成和增田长盛等人前往迎接。之后他途经安艺严岛、备后鞆之浦、备前牛窗、摄津兵库并在七月十日到达了和泉堺（《鹿儿岛县史料　旧记杂录后编二》）。顺便说一下，秀吉是在七月二日从筑前筥崎出发，在七月十四日回到大坂的。

这么看来，海盗活动事件是七月一日到七月八日之间，也就是岛津义久在濑户内海上航行的这段时间内发生的。他大概没有向海盗缴纳"上乘料"吧。笔者认为，义久一行人的船队曾遭到了以清右卫门尉为首的海盗们的袭击。考虑到传递信息所需要的时间，笔者估计这一事件是在岛津义久从下关出海不久之后发生的，而地点可能是在西濑户内海的斋滩附近。此时也正是小早川隆景被命令从伊予转封到筑前的时期。

作为秀吉对海盗势力进行重组的一个措施，海盗活动禁令成了他统一西国地区的最后点缀。而在禁令颁行之后不久便出现了村上麾下的清右卫门尉在斋滩附近针对岛津氏所实行的海盗行为。此事与后文要讲的秀吉伙同毛利氏灭亡村上氏的主家河野氏有所关联，还导致了村上氏屈服于丰臣政权，并被强制命令从属于小早川氏以及毛利氏。

而且，笔者并不赞同岸田裕之提出的岛津氏在丰后海峡附近遭到海盗攻击的观点。因为倘若真是如此，那么岛津义久随后停留在筥崎，他很有可能会在这里将此事告知秀吉。山内让批评岸田裕之认为海盗活动事件发生于斋岛的观点，认为这种观点不符合次年七月八日颁行的海盗活动禁令的第一条内容。

山内让认为这次海盗活动事件就是清右卫门尉等人参与的那次事件。笔者也认为这个观点很有说服力。虽然并不是不能把这个事件当成一次独立的海盗活动来看待，但村上氏在天正十六年就离开了濑户内海，到了这个阶段，我们很难想象当时还存在另一股势力能再发起一次新的针对丰臣政权的海盗活动事件。而且当地还传说这个事件致使斋岛成了一座无人岛。

天正十六年令是与刀狩令①同时发布的，从这一点出发，我们可以将天正十六年五月方广寺大佛殿开始修建看

---

① 1588 年丰臣政权颁布的禁止农民携带武器的命令，是兵农分离政策的一部分。

作该项法令颁行的前提，再考虑到当年闰五月秀吉镇压了肥后①国人一揆从而完全征服九州地区的情况，我们可以认为秀吉已经把这一禁令当成了一项基本的方针，因而再一次将其严厉地颁行下去。

2. 海上革命

转封策略

为了更好地把握海盗活动事件的背景，我们来再次关注一下天正十五年（1587）九州地区进行领国划分之后，从六月到七月这段时间内相关人员的动向。

秀吉五月三日在萨摩川内收到了岛津义久投降的消息，之后决定赦免岛津氏。当月十八日，秀吉挥军北上，于六月七日到达筑前筥崎。他在这里敲定了九州地区领国划分的最终方案，还致力于复兴博多，将其作为日后出征大陆的兵站基地。最后，秀吉在七月二日踏上了归途。

正如前文所述，丰臣政权颁布海盗活动禁令的时间是在秀吉到达筥崎的天正十五年六月七日到决定惩治深堀氏的六月十五日之间。将九州地区的城割与这个禁令共同落

---

① 日本古代令制国之一，范围相当于现在的熊本县。

实下去的是浅野长吉和户田胜隆。这两人还是随后发生的村上氏家臣清右卫门尉的海盗活动事件里的中心人物。而且，户田胜隆在七月中旬以前、浅野长吉在八月中旬之前还曾作为检地奉行被派遣到伊予。

这虽然是小早川隆景从伊予被转封到筑前名岛（位于今福冈市）的伴随性措施，但我们尤其不应忽视一点，那就是户田胜隆曾渡海前往风早郡治下的群岛——其中包括位于海盗势力根据地安艺滩以及伊予滩之间的忽那诸岛。他一边牵制着海盗势力，一边对海城实行城割和检地。这之后，户田胜隆便作为领有南予地区的丰臣大名进驻大津城（即后来的大洲城，后文统一使用"大洲城"之名）。

我们从毛利氏的立场出发，来看一下这段时间的情况。在岛津氏战败之后不久，秀吉便开始试探着将毛利辉元和小早川隆景转封至北九州。毛利与小早川对此自然示以难色，但秀吉仍在六月二十五日给这两人发出了内容不同的朱印状。

在发给毛利辉元的秀吉朱印状（《毛利家文书》九五五）中，秀吉表示要没收毛利氏在备中、伯耆的领地以及备后、伊予两国，但将丰前①、筑前、筑后、肥后作为

---

① 日本古代令制国之一，范围相当于现在的福冈县东部和大分县北部。

代替领地封予毛利氏。另一封秀吉朱印状（《毛利家文书》九五一）的收信人不明，据推测应该是写给小早川隆景的。这封朱印状中秀吉表示要收回伊予，并将筑前、筑后以及肥前的一个半郡分给隆景。秀吉实际的做法与后者中的内容相同。所以，实际上对于颇为抗拒秀吉这个转封方案的毛利氏来说，他们当时被迫做出了一个二选一的抉择。

也就是说，丰臣政权要将毛利氏抑或小早川氏转封到九州，使其在九州地区的各个大名与丰臣政权之间担任起负责联络的"传达者"工作。在天正十八年关东地区领国划分之后，秀吉也将德川家康转封至关东，让他成为关东、奥羽地区各个大名的"传达者"。由此可以将这两次转封看作同类性质的人员配置。

就结果来看，小早川隆景等人的抵制最终阻止了毛利氏被转封到九州地区，而隆景自己则被转封到了筑前名岛。但值得我们注意的是，秀吉并没有使用强制手段命令毛利氏转封九州，而是向对方提出了两个方案供其选择。在随着秀吉统一天下而展开的一系列由丰臣政权主导的领国划分之中，这是唯一例外的情况。

九州地区领国划分最大的特点是：为了避免更加长期的作战，秀吉并没有将岛津氏等九州地区大名贬为平民。也是出于这个原因，关于此前频遭大友、龙造寺、岛津三氏争夺而兵燹不息的筑前、筑后、丰前、肥后四个令制国的领国划分工作就尤其难以取得进展。

秀吉极为大胆地要将毛利氏或其同族小早川氏移封到这里，并将这个计划通过前面那两封秀吉朱印状传达下去。而这两封朱印状都没有写明收信人，让人感觉在礼节上极为怠慢。然而与此相反，这种形式却真实地反映了这一阶段丰臣政权与毛利氏之间那种微妙的力量平衡。

与此有关的另一个文献是天正十五年七月二十五日小早川隆景写给村上武吉、村上元吉的书信（《村上文书》）。根据这封书信，我们得知：对于他们来说，这次转封的决定是非常意外的，而为了配合此次行动，村上氏还将大本营转移到了毛利氏领地范围之内的周防屋代岛（大岛）。

信中还记录，最初小早川隆景计划将筑前立花山城（位于今福冈市）作为居城，因而忙于修缮该城。同时，隆景的家臣集团又在伊予进行让渡城郭的工作，还需要在隆景居城备后三原城接待返回大坂途中的秀吉、秀长一行，家中诸事让他们十分忙碌。

秀吉一直对毛利氏施加压力，直到九州地区领国划分之后也并未改变。由于缺乏人才，秀吉希望让某个在九州地区占据地利的强大外样大名担任起"传达者"角色，他对毛利氏的施压也是建立在这一意图之上的。毛利氏一方接到秀吉的紧急命令，只好让颇具实力的同族大名小早川隆景进行转封，这才勉强应付过关。

所以，当时的小早川隆景正在尽全力阻止毛利氏的转封，是没有余暇和精力去帮助临危的村上氏渡过危机的。秀吉一方大概正是由于得知了这一情况，所以才对村上氏一直保持强硬的态度吧。于是最终秀吉取得全胜。村上氏更是在天正十六年离开濑户内海，移居到了隆景的领国筑前。

合谋事件

下面笔者要讲一下随着小早川隆景的转封而灭亡的河野氏的情况。近年来，西尾和美通过对《予阳河野家谱》进行批判性研究，断定河野通直的死亡时间是在他从道后退往安艺竹原之后不久的天正十五年（1587）七月九日。西尾和美不同意此前通行的河野通直"病故说"，认为通直的死与毛利辉元以及征服九州后返回大坂的秀吉密切相关，提出了河野通直"自杀说"。

笔者也不同意"河野通直不顾病重强行渡海"的说法。参考一些江户时代史料的记载，笔者对河野通直"自杀说"表示赞同。而通直的自杀，从结论来看，可以确定为秀吉与毛利辉元之间因政治交易而实行的合谋事件。

河野通直前往安艺竹原，很有可能是为了谒见归途中的秀吉，想要直接请求他允许自己回归旧领伊予。通直并不希望隐居，而是想要拜见秀吉并与其结成主从关系，以图重新成为伊予国大名。

此时，通直的面前有两条路可走。第一条路是请求小早川隆景的庇护，离开伊予移居筑前；第二条路则是趁隆景离开伊予这个好机会，取得伊予国国主之位。通直不假思索地选择了第二条路。为时势所迫而一直雌伏的通直此时已经赌上了河野氏的命运。

当时的毛利氏刚刚因为小早川隆景离开伊予而避免了被转封到九州，所以当毛利辉元面对这一事态时，一定非常担心在一心重回旧领的河野通直的直接恳求之下，自己费尽心力取得的外交成果会化为泡影。

正如西尾和美的推测，秀吉在离开竹原到附近的备后三原落脚时以及河野通直自杀前一天的七月八日，分别给毛利辉元和小早川隆景写信，要求这两个人做好有关中国地区统治问题的"思想准备"（《毛利家文书》）。这件事也十分重要。

收到信后，以自家繁荣为首要课题的毛利辉元做出了舍弃河野氏的艰难决定。与此同时，又发生了海盗活动事件。这个事件让失去主家河野氏的村上氏被收编为毛利氏麾下的水军，发生得正是时候。以上经过可以总结如下。

丰臣秀吉与海盗大名

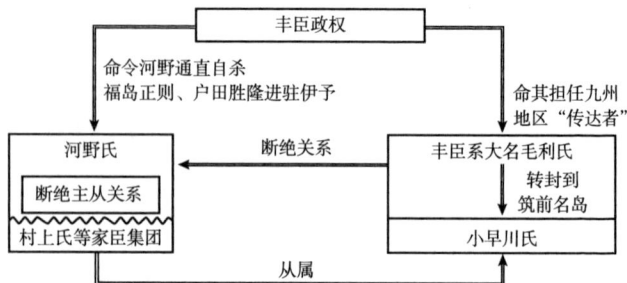

天正十五年七月，河野通直自杀事件的经过

对于秀吉来说，不让旧贵族大名河野氏在伊予这个统辖四国地区的重要据点再兴，再将麾下的直属大名福岛正则和户田胜隆部署在这个地方，这件事非常重要。在天正十五年九月八日给福岛正则的领知①朱印状中，秀吉就指出当时的伊予是"九州、四国之要所"（《京都大学所藏文书》）。秀吉判断，以伊予的地势之便，不仅能够对四国地区进行监视，而且足以监视九州地区。

诚然如此。伊予的海岸线长且复杂，加之从东面的燧滩到西面的丰后海峡之间的大部分海域都处于其领域范围之内，所以从这里望去，备后以西的中国地区以及九州东部地区尽收眼底。更不用说与其毗邻的赞岐、阿波、土佐等地，自然也都能轻易地被纳入其视野。

———

① 土地的领有和支配。

在邻近畿内的中国、四国地区范围内，像伊予这样占尽地利的令制国是绝无仅有的。正如后文要讲到的，关原之战以后，企图篡夺政权的德川家康就将深得其信赖的藤堂高虎部署在这里，从而建立起了对西国地区的监视体制。

而且，秀吉还有其他不能容许河野氏再兴的理由。很明显，倘若河野氏重归伊予，那么河野重臣村上氏就将再次成为濑户内海盗势力的群龙之首。如果这样的话，秀吉煞费苦心才实现的濑户内海的公有化便将化为泡影。后来到了天正十五年十二月，西园寺公广被户田胜隆谋杀，西园寺氏亦随之灭亡。

中世时期以来的伊予国大名、领主由于丰臣政权所主导的领国划分而面临着前所未有的危机，他们被迫赌上家族的命运，在极为严苛的状况下做出攸关命运的抉择。但对于秀吉来说，他不可能容忍像河野氏和西园寺氏这样的中世贵族势力存在。秀吉与他们之间的差异，就像对国家蓝图的设想一样，是不存在任何妥协余地的。

秀吉的这一计划以河野氏的灭亡及其水军组织被毛利氏收编而告成。在西国地区的统一过程中，为了对西国大名实行管辖，秀吉煞费苦心将其手下大名，也就是已经被改造成为丰臣系大名的毛利氏变为了负责居间联络的"传达者"，让毛利氏成了丰臣政权的支柱力量之一。而以九州地区的领国划分为标志，丰臣政权对西国地区的统治迎来了新的阶段。

从濑户内海流放

我们从小早川隆景在天正十六年（1588）三月二十七日写给村上元吉和村上武吉的信（《村上文书》）中可以得知，村上氏是在秀吉的强制命令下前往筑前的。信中隆景要求严禁村上氏"下等家臣"的"无礼之行"，即海盗活动。这可以理解为前一年七月发生的海盗活动事件就以这样的形式结束了。村上氏已经被小早川氏乃至毛利氏强行收编了。

村上氏所得到的住所是小早川隆景领国筑前的怡土郡加布里（位于今福冈县丝岛市）。虽然这里距离后来出征朝鲜时的军事基地肥前名护屋很近，又面朝玄海滩，属于航运的要冲之地，但还是让人不得不认为这个远离濑户内海的海盗势力已经失去了昔日的辉煌。小早川隆景赐予他们三千五百石的领地，同时毛利辉元也赐予了他们长门大津郡及周防南前的一万余石领地（《萩藩阀阅录》）。

九州地区领国划分后颁行的海盗活动禁令直接针对的就是像九州沿岸的深堀氏、濑户内海的村上氏这种代表性的海盗势力。结果就是深堀氏被龙造寺氏收编，村上氏则被毛利氏收编，从而决定性地加强了各个海盗势力对丰臣系大名的从属程度。秀吉要将中世时期以来的海盗势力强行收编为丰臣系大名麾下的水军，这正是他颁行海盗活动禁令的动机。

丰臣政权是在秀吉到达筥崎的天正十五年六月七日到决定惩治深堀氏的六月十五日之间颁布海盗活动禁令的。这项禁令禁止了从九州沿岸到濑户内海范围内的西国海域上的海盗活动。同时，丰臣政权的直属家臣浅野长吉、户田胜隆、增田长盛等人也有组织、有预谋地参与了禁令的相关事宜。所以天正十五年令作为一项独立的法令，很有可能早已传达给了从九州地区到濑户内地区的各位西国大名。

而对于村上氏来说，几乎同时发生的主家河野氏灭亡事件也给他们造成了致命性的打击。他们被迫从属于毛利氏，又被要求离开长年经营的大本营伊予能岛，移居毛利氏领地周防屋代岛。而天正十六年他们又被命令移居筑前加布里，这就意味着他们实际上已经被整编为小早川氏麾下的水军。

而且，《萩藩阀阅录》中村上图书部分的最后内容总结了他们一族的历史，其中记载，当时秀吉已经命令禁止村上氏在赤间关以东的濑户内海地区居住。确实，正如后述，直到秀吉去世后村上氏才回到濑户内海。从这一事实来看的话，可以说这条记载是属实的。如此一来，对于村上氏来说，移居筑前不仅意味着他们被秀吉从濑户内海流放，同时也意味着他们已经被迫臣属于小早川氏。

前文已述，信长从天正八年正式开始实行的改革，从本质上来说是一场"革命"。他的手段是以令制国为单位实行检地和城割，以及强制命令其麾下各大名、领主进行转封和迁移。其目标则是否定中世时期以来的土地所有权并实现兵农分离。

由于本能寺之变的发生，"信长革命"未能完成。而秀吉在他的天下统一战争中，以仕置令的形式在包括岛屿在内的日本全境强制推行了以城割、检地、刀狩为核心的政策。最大的海盗势力村上氏被流放到筑前，丰臣系大名又拆毁各个岛上的海城、施行检地——秀吉的政策就是这样在濑户内地区推行开来的。

掌控外交权

丰臣政权在天正十五年（1587）六月发布了海盗活动禁令。与此相关的同月十九日发布的伴天连追放令①也颇受人们关注。伴天连追放令正文已佚，只有一小部分"案文"（依照原文誊写的抄文）在《松浦家文书》中留

①　丰臣秀吉在 1587 年发布的驱逐外国传教士的法令。伴天连指天主教传到日本时随之而来的传教士。

存下来（然而只有一小部分被认为是与原文同时代的抄文，笔者以前也曾做过介绍）。

有人已经指出，海盗活动禁令适用于对"各路商船"进行无差别海盗、强盗行为的深堀氏，而伴天连追放令则规定了保护日本对南欧国家贸易的内容，带有"许可令"的性质。

我们必须将秀吉在筑前筥崎陆续颁行的这两条法令看作他管理国际贸易、掌控外交权的措施。所以可以断定，秀吉为了将贸易活动与传教活动严加区别，一定在伴天连追放令中表露了将传教士等人逐出日本，并迫使其麾下的切支丹大名①弃教的意图。

秀吉颁行伴天连追放令的最重要目的就是逐出传教士并迫使切支丹大名弃教。他迅速将出征在外但未曾弃教的高山重友（右近）贬为庶民，此事产生了一定程度的即时性效果：各国派遣到日本的传教士们转移到了九州，一部分切支丹大名也改变了自己的信仰。

秀吉担忧南欧国家与切支丹大名这两方势力会以传教士为媒介勾结起来。伴天连追放令与此前不久颁行的海盗活动禁令相得益彰，从外交上排除了切支丹大名的影响

---

① 又称"吉利支丹大名"。"切支丹"是"天主教"的葡萄牙语音译。"切支丹大名"指战国时代到江户时代初期信奉天主教并受洗的大名。著名的有大友义镇（宗麟）、高山重友（右近）等。

力，以防备其带来的军事威胁。与此同时，这又可以说是秀吉为了独占以生丝为代表、足以带来巨额利润的南欧贸易所采取的必要政策。

对于丰臣政权来说，九州地区的领国划分让其获得了更为重要的成果，那就是将小早川隆景送到了九州，同时让毛利氏扮演起了在秀吉和西国大名之间负责联络的"传达者"角色。此后，毛利氏在丰臣政权的西国政策中一直占据着不可动摇的位置。

而经过此事的毛利氏也不是单方面的受害者。不如说这件事也直接关系到毛利氏权力基础的强化，同时让毛利氏朝着利用直属家臣对大范围领地进行统治的道路迈进。例如，在那些战国时代以来的毛利氏同族、谱代重臣之中，由毛利辉元提拔的佐世元嘉、二宫就辰以及安国寺惠琼就正式参与了对领国的管理。天正十五年到十八年，他们还实行了以令制国为单位的检地。

新国家诞生

海盗活动禁令并非仅仅针对四国、九州地区，在理论上，自天正十六年（1588）令开始，它就已经变成了一个在丰臣政权全境生效的普通法。但为什么秀吉一定要在天正十六年七月八日同时颁行这个法令与刀狩令呢？

自然，天正十六年令第一条中提到的海盗活动事件是其制定的直接前提。但尽管如此，秀吉特意将这个法令作为普通法颁行下去的这一举措必然存在某种理由。而且刀狩令的情况也是如此。早在天正十三年四月，刀狩令已经在和泉、纪伊两国颁行下去（原刀狩令），但一般认为，到了这一时期，刀狩令才正式成为一项普通法。

关于这一问题，刀狩令第二条中讲到了将收缴的武器熔铸成营建方广寺大佛殿时所使用的钉铆。直接来讲，也许我们可以从其与天正十六年五月以后方广寺大佛殿正式再次动工一事的联系出发，来对这个问题进行理解。

秀吉命令各地的村子负责为兴建方广寺提供武器等物资。而正是为了保障这些物资的安全运输，他才在同一天将这两个法令同时发布下去。故此，岛津氏、毛利氏等外样大名也都将大量武器送往目的地。

方广寺是秀吉为了供奉丰臣家先祖以及祈祷丰臣家的长久繁荣而兴建的官方寺院。经过天正十五年九州地区的领国划分、天正十六年后阳成天皇临幸聚乐第①，丰臣政权已经获得了日本国土的所有权。秀吉便将方广寺大佛寺的营建当成了一项向全天下宣示其权力的重大活动。笔者

---

① 丰臣秀吉在京都内野（今京都府上京区）兴建的城郭兼宅邸，一度被当作统治中心。

也曾指出，以这件事为标志，丰臣政权强化了对日本山川河海的所有权，同时也整顿了对小物成（本年年贡之外的杂税）的征收体制。

从本质上说，作为普通法而同时颁行的海盗活动禁令与刀狩令是以限制因土地而产生的纷争，同时确立丰臣政权对国土的所有权为目的而制定的法律。我们应该将其理解成丰臣政权在这个阶段所确立的新的国家基本法（近世之祖法）。像这样，到了秀吉征服西国地区、天皇行幸聚乐第的阶段，丰臣政权已经建立起了一个统一国家的基本框架。

另外，有人将海盗活动禁令称为"海上刀狩令"，提出该禁令关系到武士身份与渔民、城镇居民等身份的分离，也就是兵渔分离政策的看法。后文将会讲到，这种观点并不符合事实。因为海盗们的兵渔分离是通过出征朝鲜以及关原之战来推行的。

综上所述，我们必须要把海盗活动禁令（天正十五年令）的颁布视作丰臣政权主导的九州地区领国划分所带来的意义之一。而且，我们应将征服西国地区之后不久即颁行的这一法令视作丰臣政权控制以濑户内海地区为首的西国海盗世界的一环。

而作为普通法的海盗活动禁令则于天正十六年七月颁行。通过这项法令，丰臣政权最终否定了中世时期以来的海盗势力的独立性，并将他们强行收编为丰臣系大名麾下的水军。无须赘言，连同博多的复兴在内，海盗活动禁令的颁布及其贯彻成了后来丰臣政权出征大陆的前提。到此为止，可以说除了关东以北地区，日本列岛已经诞生了一个崭新的国家。

第五章 海盗们的求职之战

1. 文禄庆长之战

丰臣时代的到来

统治伊予的小早川氏不仅庇护了守护河野氏及其家臣集团，还在一定程度上承认了西园寺氏对其领地的控制权。同时，小早川氏虽然接管了一部分海城，但事后仍然表示认可村上氏对海域的控制权。这意味着战国时代的地方秩序残存下来。

但是随着九州地区在天正十五年（1587）实行的领国划分，小早川氏被转封到筑前名岛，河野氏与西园寺氏灭亡，加上村上氏移居筑前加布里，终于让伊予真正进入了丰臣时代。到宽文十年（1670）伊予八藩①体制成立之前，统治这里的大名一直在更替。

小早川氏转封之后，伊予一国被福岛正则和户田胜隆的领地分割开来。这两人都是秀吉从小带大、备受信赖的大名。下面就来详细讲述一下秀吉利用其直属大名，步入对濑户内地区海盗世界进行重组的第三阶段的过程。

福岛正则从秀吉那里获赐东予地区宇摩郡、新居郡、周布郡、桑村郡、越智郡共十一万三千二百石的领地，进驻中予地区的汤筑城。这是因为此处还有九万石的丰臣家直辖领地。正则接手了伊予半国合计约二十万石的领地，随后转移到了控制领国的要地——据说村上武吉曾在当地筑城的国分山（位于今今治市）。

另一位领主户田胜隆在九州地区进行领国划分后不久便进入伊予，以大洲城为本城，将其改造为近世型城郭。我们目前并不清楚户田氏领地的准确石高，只有《宇和旧记》中记载其领地为十六万石。由于胜隆确实领有宇和、喜多、浮穴三郡，所以其领地少说也应该能达到十万石。加之他与福岛正则同样兼任丰臣家直辖领地的代官，所以他应该也接管了总计约二十万石的领地。

---

① 指伊予松山藩、宇和岛藩、大洲藩、今治藩、西条藩、伊予吉田藩、小松藩、新谷藩八藩。

丰臣秀吉与海盗大名

天正十八年，秀吉降服小田原北条氏[①]，一直远征至会津黑川（即后来的会津若松），从而征服了全日本。天正二十年（同年十二月改元文禄），秀吉开始出征朝鲜。伊予国各大名与其他西国大名都接受了此役的军事动员。所以，要研究分析从文禄年间到秀吉去世的庆长三年（1598）这段时期内的伊予政治史，就要从其与朝鲜之战的关系出发来进行论述。

例如，被认定是秀吉在天正二十年亲自制定的"入唐行军次序"（《浅野家文书》）中就规定了福岛、户田、来岛等氏作为"第五军　二月十日"的出征顺序。在同年三月十三日的布阵记录（《小早川家文书》）中也记载了同样是作为第五军的"一、四千八百人　福岛左卫门大夫（正则）"，"一、三千九百人　户田民部少辅（胜隆）"和"一、七百人　来岛兄弟（得居通幸、来岛通总）"。

同年五月，朝鲜首都汉城（今首尔）陷落。由于丰臣军的战线在揭幕战中顺利展开，故而秀吉表示自己要渡海亲征。所以在五月十六日的秀吉朱印状（现藏于尊经阁文库）中，秀吉动员户田胜隆与来岛兄弟等伊予国众负责在釜山到汉城一线兴建秀吉落脚的居所。然而到了当

---

① 即前文中的后北条氏。

年七月，丰臣军在闲山岛、安骨浦海战中败给了李舜臣率领的朝鲜水军，秀吉只得搁置了渡海计划。

同年十二月以后，丰臣军的军粮输送出现了问题。到了次年（文禄二年）明军又正式出兵驰援朝鲜，事态变得越发严峻。秀吉在当年三月再次提出的渡海亲征计划又一次成为泡影。在远征已经陷入僵持阶段时，文禄二年八月，淀殿①生下了丰臣秀赖。秀吉亲生儿子的出生引起了轩然大波，由太阁②丰臣秀吉与关白丰臣秀次所主导的政治体制走向了终结。

公立海关与通行岗哨

经历了出兵九州后的海盗活动事件，村上氏从伊予能岛退往周防屋代岛，后来又被迫移居筑前加布里。但这并不意味着濑户内的海盗世界就此解体。理由很简单，那就是以村上氏同族为首的海盗们仍然在这一地区活跃着。

天正十六年（1588）九月，周防上关（位于今山口县上关町）的村上氏同族村上武满热情款待了离京返回领地的岛津义久一行（《萨藩旧记后集》）。他在上关筑城并在城下设置海关，向往来的船舶征收"关役"（《佐甲

---

① 秀吉侧室。
② 正式名称为"太阁下"，是摄政、关白让位后的称号。

家文书》）。

而且，虽然上关城在海盗活动禁令颁行的天正十六年遭到废城，但此后的上关仍然发挥着公立海关的作用。所以上关可能是被改造成了织丰系城郭，一直到庆长年间（1596～1615）都发挥着作用。

永禄（1558～1570）以后，村上武满曾从属于毛利方阵营，与他的村上氏同族共同参与过海战。我们还能在天正四年的木津川口之战的紧急战报（《藩中古文书》）中看到他的名字。在天正十年的冲家骚动中，毛利一方还曾请求他帮助游说来岛氏家臣村上吉继。

海盗活动禁令颁行后不久，村上武满便作为"地下人"① 参与了对上关的管理。他还同因岛村上氏的同族村上左卫门大夫过从甚密。可能毛利氏后来又承认了他过去拥有的权力。丰臣政权也是一样，直到出征朝鲜时仍在充分利用着海盗势力网。

例如，甲斐国国主加藤光泰在朝鲜向领国派遣使者时，就曾向下关的"御番众"② 和"通行岗哨"请求通行，同时索取前方其他关卡的通行许可（《大洲加藤家文书》）。而且秀吉也曾指示，要给从朝鲜派遣回国的使者

---

① 指没有官位的名主或庶民。
② 当值的人。

发行通关文书，以将其同"逃亡之徒"区别开来（《水口加藤家文书》）。

可以看到，丰臣政权在濑户内海上的要冲之地设置了相当多的公立海关，将其作为通行岗哨监视那些可疑的船只以及从战场逃亡的人。海盗则作为"官员"与政府的官员共同对其进行管理。

例如，伊予西条藩编纂的地方志《西条志》（由藩校择善堂的教授日野和煦编纂，成书于天保十三年［1842］）记载，福岛正则统治时期就在前文提到的新居大岛设置过"岗哨"，此后该处岗哨一直发挥着作用。

考虑到其与朝鲜之战的关系，具体来说，因为文禄四年（1595）福岛正则被转封到尾张，那么这个岗哨应该是在文禄之战（第一次万历朝鲜战争）中设立的。这部书中还介绍新居大岛浦是"领地第一港"，由此可知，这里作为一个优良的港口曾经十分繁华。那里还有一座可以俯瞰大岛浦的海城大岛城。

前文已述，战国时代的大岛浦很可能是一个典型的拥有海关的札浦。丰臣政权在出征朝鲜时创建了濑户内海的海域监视体制，让海盗们进入大岛城以监视战场上的逃兵。事实很可能就是如此。

经历了河野氏的灭亡、村上氏的流放以及海盗活动禁令的多次强制性实施，濑户内地区的海盗世界的面貌已经改变了。海盗们的海城及其附属的海关大多被拆毁了。但是残余的海盗势力只要参与了丰臣政权以及丰臣系大名所设置的公立海关的管理，就不会被贬为平民。这就是秀吉对濑户内地区的海盗世界进行重组的第三阶段。

恐怕如果有某个势力不愿服从公立海关的管制，这些海盗势力一定还会像以前一样强行搜检他们的船只，并视情况对人口和物资进行抢掠。后文还会讲到与此有关的庆长年间的海盗传说。

一言以蔽之，准确来讲，那些伴随战斗的海盗活动还是会在一定条件下被允许的。无论是陆路还是海上，丰臣政权均没有完全否定领主们的交战权，而只是对其进行限制——我们应该这样去理解丰臣政权多次强制实施的海盗活动禁令。

海盗势力的仕官

被动员参加出征朝鲜的西国大名自然要组织起强大的水军，所以他们对海盗势力的需求便增大了。例如，据说村上氏家臣青木理兵卫在前往出仕加藤嘉明的途中受到黑田孝高的游说。孝高许诺让他统领水军，他便成了黑田家臣。

我们知道，黑田氏在天正十八年（1590）以前就为了备战朝鲜出征，开始聘任村上氏的家臣（《黑田家谱》）。青木理兵卫应该是作为实际作战人员而就任了船奉行①一职。除了理兵卫之外，黑田氏还一下子雇用了二十多名村上氏旧臣并将他们编入家臣集团。

在这个时期，考虑到从京畿地区到肥前名护屋之间、从肥前名护屋到朝鲜国之间的来往运输量激增的情况，可以判断当时各个大名对作为海事技术人员的海盗有着相当大的需求。而且，在朝鲜战场上的抢掠行为是被允许的，对于海盗们来说，朝鲜成了一个攫取财富的好地方，所以他们没有必要故意冒着风险在国内从事海盗活动。

对于海盗势力来说，在国外的战场可以恣意抢掠人和财物，这简直是一次极具诱惑力的商机。比如被藤堂高虎军俘虏的儒学家姜沆，在他被俘后写下的见闻录《看羊录》中就生动地描绘了数以千计的朝鲜人被掳走的情景。在俘虏中，像姜沆这样的学者以及陶工等技术人员受到了保护，其他人则被当成劳动力而沦为人口贩卖的对象。

天正十三年以来，由于日本国内严禁海盗活动，海盗势力的生存空间逐渐变得逼仄。但朝鲜战场给他们提供了梦寐以求的生存空间。由于出征的西国地区丰臣系大名需要这些作为海事技术人员的海盗，他们便纷纷离开了旧主和故乡，到各个大名麾下仕官。所以出兵朝鲜让兵渔分离

①　日本中世时期官职名，负责水军、海运、航线等事务。

政策进入了一个新的阶段。

实际上，那些组成村上等氏家臣集团的海盗们为了追求更加适于自己发挥的平台而纷纷离开主家，被各个大名接纳。濑户内地区海盗世界的面貌也因之发生了巨大的改变。

文禄四年政变

关白丰臣秀次及其同党惨遭杀害的所谓"秀次事件"让伊予的福岛－户田体制最终解体。但笔者在此并不想仅将这一事件看作单纯的秀次同族肃清事件，而认为这是一场由石田三成等秀吉近臣所挑起的、以除掉具有实力的丰臣同族大名为目标的政变。有关此事件，可参见表4。

表4　文禄四年政变的发展

月份	事项
二	蒲生氏乡死,产生嫡子蒲生秀行的继承问题
四	丰臣秀保死,大和丰臣家绝嗣
六	浅野幸长被流放到能登
七	秀次事件。各大名上交按有血印的誓约书
八	发布御掟、追加御掟＊。秀吉否认伊达政宗的嫌疑
九	菊亭晴季(秀次正室之父)被流放到越后。举办祭奠事件相关人员的千僧会,事件落幕

＊又称"大坂城中壁书"。丰臣政权在秀次事件之后，在大坂城的墙壁上写下了诸条遵守事项，作为国政的基本方针，即"御掟"。追加御掟（九条）与御掟（五条）同时公布。——译者注

文禄四年（1595）二月七日，蒲生氏乡（会津若松九十二万石）去世。随后秀吉便对氏乡嫡子蒲生秀行的重臣所提交的文禄检地目录中的内容表示质疑，表示要将其减封到近江，只允许他领有二万石的领地。但通过德川家康、前田利家的尽力周旋，事情顺利解决。秀吉的命令被收回正是由于关白秀次的干预，所以有观点认为，这件事成了同年七月秀次被疑谋反并失势的直接诱因。

同年四月，丰臣秀长的养子、大和郡山城城主丰臣秀保（秀次之弟）去世。也有史料记载秀保是在为了疗养身体而暂住于大和十津川之际死于非命（《高山公实录》）。而且同年六月，与秀次过从甚密的丰臣同族大名浅野幸长被流放到能登①。在这样动荡的局势下，政变发生了。

七月三日，秀吉近臣石田三成、增田长盛、前田玄以、富田知信以谋反为由弹劾丰臣秀次。秀次根据他们的要求，写下长文誓约书，表示自己并没有谋反的意图。但七月八日，秀吉下令将秀次流放至高野山，七月十五日又命令他切腹自尽。实际上，我们很难认为秀次有意谋反，这无疑是一场莫须有事件。

---

① 日本古代令制国之一，范围相当于现在的石川县北部（能登半岛）。

丰臣秀吉与海盗大名

不仅是秀次本人，连同他的妻妾、儿女、家臣等人都遭到处刑。事件最终演变成了一场惨烈的肃清。尤其重要的是，事件中秀次的同族全被根除。很明显，这与文禄二年丰臣秀赖的诞生有关。像这样将支持秀次的弟弟们以及丰臣同族大名一并除掉的做法可谓非常露骨了。

石田三成等人希望通过秀吉的直属家臣来打造出一个作为"天下人"的丰臣家。此后，丰臣政权发生了重大转型，呈现以秀吉—秀赖为中枢、由石田三成等近臣官僚以及与他们过从甚密的大名们掌握实权的专制化倾向。这很有可能就是导致关原之战的政权分裂的萌芽。

政变的结果是丰臣政权进行了意图明显的人事调动。政变主谋石田三成等秀吉近臣成为接管京畿地区要地的大名而出人头地。

这样的结局，让除了浅野长吉之外的"五奉行"① 以及富田知信等人占尽了便宜。石田三成不仅得到了原来由秀次治理的佐和山城（十九万四千石），还将大场三左卫门、大山伯耆守、前野忠康（舞兵库）等秀次手下颇具实力的家臣纳入自己麾下。

---

① 指丰臣秀吉去世前指定的五位负责丰臣政权实际政治事务的政治家，分别是：浅野长吉（长政）、前田玄以、石田三成、增田长盛、长束正家。

增田长盛得到了秀次之弟丰臣秀保的大和郡山城（二十万石）。京都所司代①前田玄以则接管了遭贬的小早川秀俊（木下家定的第五子，后来的小早川秀秋）之旧领丹波龟山城。长束正家得到了石田三成的旧城近江水口城（五万石）。富田知信则成了原属织田信包的伊势津城的城主（五万石）。可以说，这样的人事安排正是为了让这些近臣成为大名。

同时，北政所②的外甥小早川秀俊（秀秋）也遭连坐，他回到了养父小早川隆景隐居的备后三原，继承了隆景三十万七千石的领地。以此为契机，村上氏离开筑前转移到了自己在长门国的领地：村上武吉到大津郡日置（位于今山口县长门市）、村上元吉到大津郡加原（位于今山口县长门市）居住。只有村上景亲留在了筑前，从秀俊那里得到了三千一百石的领地。

部署新大名

接下来我们关注一下政变给伊予国的大名部署带来的重大影响。

在南予地区，户田氏在文禄三年（1594）出征朝鲜

---

① 所司（头人）的代官，负责京都治安。
② 即高台院，丰臣秀吉的正室。

时病死，领地暂由其代官打理。后来丰臣秀保的重臣藤堂高虎领受了以宇和郡为中心的七万石领地，成了板岛城（后来的宇和岛城）的城主。而且，庆长三年（1598）六月，高虎又得到了庆长之战（第二次万历朝鲜战争）的军功赏赐，加封了一万石的领地，从而得到了大洲城。

在中予地区，福岛氏被转封到了尾张清须，接管了秀次的领地。国分山城则交予池田秀雄（七万石）管理。庆长三年池田氏去世后，由小川祐忠（七万石）继任。加藤嘉明得到了淡路志智的六万石领地，进驻松前城。有研究认为，此地的上一任大名粟野秀用在秀次事件中遭到了连坐。

笔者要关注的是丰臣政权发给伊予国各大名的朱印状以及领知目录之上的日期。发给藤堂高虎的领知朱印状（《藤堂家文书》）上的日期是文禄四年七月二十二日，而给加藤嘉明的领知目录（《水口加藤家文书》）上的日期则是文禄四年七月二十一日。这些文件都是在秀次事件发生不久后颁发的。

起用曾经为船奉行的藤堂高虎作为大名，给淡路志智城城主加藤嘉明加封领地，这些不仅是对出征朝鲜（文禄之战）的论功行赏，同时也是出于增强水军实力的考虑。而给福岛正则的加封和转封则可能是为了让他振兴自己的出生地尾张。秀吉把尾张的衰落归咎于秀次的恶政。

丰臣系大名在伊予国进行统治的特征是他们都施行了太阁检地政策。同时，他们还复兴了那些毁于兵燹的寺庙和神社，又拔擢村落中有能力的人为村长，并让他们从事地区开发。还有，他们强行对各地存留的中世型城郭实行城割，并筑起了真正意义上的近世型城郭。

当时的伊予国总石高达到四十万石，丰臣系大名也都兼任在自己领地附近设置的丰臣家直辖地的代官。他们将这些地方的收入作为统一战争以及出征朝鲜的军粮，或分配给京中的丰臣家直属家臣集团。

例如，前面提到的出身于和泉水军的秀吉马回众①真锅贞成，当时就得到了伊予周布郡池田秀雄代官所缴纳的一千零六十六石六斗，以及伊予浮穴郡的加藤嘉明、藤堂高虎代官所缴纳的两千一百三十三石二斗，总计约三千二百石的军粮（《藩中古文书》）。

2. 关原之战

三津刈屋口之战

庆长三年（1598）八月，秀吉去世，濑户内海立刻

---

① 在大将坐骑旁负责护卫的骑马武士。

掀起了新的波澜。村上武吉、村上元吉父子终于回到了这里。他们起初转移到了邻近毛利氏居城广岛城的江场（波）岛，随后又前往安艺竹原，把镇海山城作为自己的居城。这很大程度上得益于庆长二年六月小早川隆景的去世以及朝鲜之战的结束。

村上氏回到濑户内海不久之后，庆长五年九月，关原之战爆发了。伊予国大名之中，藤堂高虎、加藤嘉明从属东军，而安国寺惠琼、池田秀氏、小川祐忠、来岛康亲则归属西军。来岛通总在庆长二年（1597）九月十六日的鸣梁海战中曾担任先锋，虽然他骁勇善战，但还是遭到熟悉海流等地理条件的朝鲜水军攻击而战死。通总的次男来岛康亲（长亲）继承了封地。

由于近年来研究的不断深入，我们愈加清晰地掌握了这次大规模战争的具体样态。就连进驻西军重镇大坂城西之丸的毛利氏的动向也已经变得更加清晰：除了我们已知的出兵伊势、尾张之外，毛利氏还曾出兵阿波、赞岐、伊予，控制了濑户内海。他们曾以成为支持丰臣家的西国地区霸主为目标而展开过积极的活动。

在对伊予的进攻中，毛利氏打出了复兴河野氏的旗号，立宍户景世（西尾和美认为他有可能和河野通直的养子河野通轨是同一个人）为总大将，攻击加藤嘉明的守将，企图夺取松前城。受命担任先锋的村上元吉也为夺回村上家在伊予的旧领而出战。加藤嘉明的守将佃十成答复毛利方，希望得到让妻子儿女逃走的时间。毛利方答应了他的要求，并在三津登陆、修筑军营。

小早川隆景统治伊予时，曾筑起凑山城作为自己新的大本营。九月十八日，驻扎在凑山城附近的村上元吉等人遭到了佃十成等敌军的夜袭，与曾根景房等武将在激战中丧命（三津刈屋口之战）。如今的松山市古三津一丁目、二丁目还有一些供奉着"村上大明神"等当时战死者的小型祠堂。

次日（十九日），毛利军退守久米的如来寺，但佃氏再次袭来。毛利军再度后撤到汤筑城所在的道后地区，表现出反攻的态势。于是加藤嘉明之弟加藤内记进军道后，佃氏也带伤出战。

于是，追随宗户氏、平冈氏等人的河野氏旧臣势力战败，退往安艺。响应他们作战的河野氏旧臣平冈善兵卫等伊予势力则困守荏原城（位于今松山市）。没有退往安艺的人便到这里同他们会合，但由于关原之战的结束，这些人最后也只好撤退。

而且不仅是加藤嘉明的领地，毛利氏的作战计划也涉及统治南予地区的藤堂高虎的领地。例如在庆长五年八月十八日毛利阵营的坚田元庆与毛利元康就曾致信西园寺氏的遗臣久枝兴纲，以"数年前（西园寺）公广曾与中国

（毛利氏）交好”为由请他帮忙游说曾根景房（《冈山县井原市教育委员会所藏文书》）。

实际上，三濑六兵卫所主导的“三濑骚动”也是对毛利氏动向的响应。三濑氏出身于以前曾号称“西园寺氏帐下十八将”的家族，关原之战时，他响应毛利氏的战略，据守旧属西园寺氏的黑濑城城下町松叶町的酒窖，给守城的藤堂军造成了很大的麻烦。力石治兵卫就在对其进行镇压时战死。

兵渔正式分离

关原之战后，伊予国的西军将领遭到贬黜。只有来岛氏因其妻子的伯父福岛正则说情以及家康近臣本多正信的斡旋而幸免于难，被转封到了丰后的森。而因岛氏和能岛氏对毛利氏的从属程度则越发加强了。

本书末尾附录处，笔者总结了村上三家的首领、同族、家臣在关原之战后的动向（参考资料1）。他们的同族中也有人到九州大名细川氏、黑田氏，以及御三家①的纪州德川家仕官。同时，前文提过的青木理兵卫成了丰前中津藩的船手众，而萩山惣兵卫等人则成为拥有半个伊予

---

① 指江户时代地位仅次于德川将军家的三个德川氏大名，分别是：尾张德川家、纪州德川家、水户德川家。

国的藤堂氏麾下的船手众，被编入了"久留岛组"。

然后，我们再来参照一下"能岛家家赖分限帐[①]"中记载的有关村上氏家臣集团的内容（参考资料2）。表中用双横线分为两部分，前半部分为给人，后半部分为小给人。给人的资料已经全部列出，而小给人由于人数众多，笔者进行了适当省略。表中的波浪线即表示有所省略。

"能岛家家赖分限帐"中整体收录了关原之战以后能岛村上氏家臣的去向。文末有"宽永拾九御仕组之节"的字样，所以这个文件是在宽永十九年（1642）以后完成的。最早的版本在村上武吉隐居时制定，制定者是列名于分限帐上的村上与兵卫。但由于后来又有增补的内容，我们已经无法判断村上家最初制作分限帐的意图了。

根据这一资料可知，村上氏家臣集团由给人和小给人两种身份组成。给人共四十四人，其中大部分人拥有二三十石的领地。包括省略的小给人在内，小给人共有一百二十二人，大致相当于海上的水主（水手）以及陆上的弓足轻或铁炮足轻[②]，有十石左右的俸禄。由于此时的村上氏的领地已经被削减到了三千石左右，其领地应该不及以往的十分之一。可见他们的经济状况已经窘迫到难以维持

---

① 即家臣财产账簿。
② 足轻是日本平安时代到江户时期的一种步兵。

生活的地步了。

结果，以东右近助和村上四兵卫等重臣为首，很多家臣转事别家。特别是村上四兵卫，据说他在周防屋代岛大胆地将武器、马具装载上安宅船，又用两艘枝船①、三艘小船带着三十人到加藤嘉明那里求官。嘉明赐给四兵卫一千石俸禄，又给他的手下每人一百石俸禄。这与分限帐中的记录相符，据其中记载，跟随四兵卫一起离开的家臣共计三十人。

脱离村上家的人中有记录的就达四十多人，占分限帐上人数的近四分之一。加上迁徙的、成为浪人的、死亡的人，总共有一百三十五人。村上家臣集团的规模已经缩减到了过去的两成左右。

其中，有些家臣名下加上了"迁徙""出逃"等注释，但也有像东右近助和村上四兵卫这样被判作"不忠"的人。前文已经讲过，在出征朝鲜时，村上氏家臣集团的组织已经在逐渐发生变化，但对于村上氏而言，真正意义上的家臣集团解体还是由于在关原之战中的败北。

分限帐相当清楚地展示了村上氏旧臣离开村上家之后的去向，从这一点可以看出他们之间的纽带是相当强的。其中有些人到其他大名家中仕官、担任水手，有些人则成

---

① 在大船附近跟随的小船。

了城镇居民、百姓或医生，还有些人仍是浪人，职业应有尽有。可以说分限帐如实展示了村上氏家臣集团解体后的真实景况，是一部难得一见的史料。

流行的说法将天正十六年（1588）的海盗活动禁令看作"海上刀狩令"，将其看作基于兵渔分离政策的一个针对身份问题的法令。但这种理解是有问题的。至少，濑户内地区海盗势力的兵渔分离是以出征朝鲜和关原之战为两个节点而逐渐推进的。

西国地区的监视体制

关原之战让藤堂高虎和加藤嘉明平均分割了伊予国四十万石的领地。同时，在伊予的丰臣家直辖地也随之消失了。但也不能说德川体制就因此渗透进了伊予。这是因为，身为家康近臣的藤堂高虎与仍持"曾受丰臣家重恩"立场的加藤嘉明之间存在非常明显的敌对关系。

这两人都擅长筑城。他们将对方看作假想敌，筑起了实战能力很强的城郭作为自己新的大本营。加藤氏的松山城是平山城，藤堂氏的今治城则为海城，二者都是载入日本城郭史的名城。

松山城在庆长七年（1602）正月开始筑城。加藤嘉明削平了位于松山平原中央的胜山的南北二峰，将土石填入两峰间的山谷，在那里建起了本丸。在本丸的北侧，嘉

松山城的连立式天守（中央的为大天守）

今治城

明以一座五层的天守为中心建起了连立式天守。然而，最近有人发现了两幅早期的本丸古图。我们看到，两幅图上所画的石墙与现在的天守石墙不同，在其中央还可以看到一个水池（或为水井?）。根据这两幅图，我们不得不对加藤时期的本丸构造重新加以研究。

历来，人们认为二之丸被建在西侧半山腰，三之丸（护城河之内）被建在了西山麓，三之丸的北门和东门是两个正门。然而最近有观点认为，正门应该位于东部山脊一线上。笔者认为，这与藤堂高虎改建位于松山城以东约两公里的汤筑城并将其作为监视加藤嘉明的分城一事有关。

与此相对，今治城的特点是它被建造在了藤堂氏领国最北部的飞地越智郡之中。而且高虎在越智郡所得的领地仅有四千五百石，他特意将本城建在这里并搬迁过去。高虎在越智郡筑起最新式海城这一行动原本就带有挑衅的意味，这对加藤嘉明来说无疑具有相当大的威胁。嘉明为了应对此事，到今治城以南约三公里的地方筑起名为拜志城的分城用以监视对方。

关原之战以后，藤堂高虎为了德川政权的确立而正式展开了他的政治活动。就是说，他作为德川家康的筑城顾问，积极致力于建立起一个大坂包围网。提到大坂包围网，此前的观点认为这就是一个对于丰臣秀赖的封锁行动，从而将这个包围网局限在了丹波篠山城（位于今兵库县篠山市）、龟山城（位于今京都府龟冈市）等大坂城周边城郭的配置之内。但如后文所述，德川政权当时其实是建立起了一个大范围的城郭网，用以监视那些曾受丰臣家重恩的大名。所以我们应称其为西国地区的监视体制。

得到加封的藤堂高虎在修筑今治城的同时，还开始对领国内的甘崎城（位于今今治市）、小凑城（位于今今治市）等分城进行修缮和改建。这不仅是为了守卫领国，同时还是为了探听邻近的加藤嘉明、山内忠义（高知城城主，二十万石）、福岛正则（广岛城城主，四十九万石）、岛津忠恒（鹿儿岛城城主，七十三万石）等在四国、中国、九州地区的那些曾受丰臣家重恩的大名的动向。

尾声——海域监视网的构建

贬黜与转封

庆长十三年（1608）十月，藤堂高虎受命转封到了伊贺、伊势（二十二万石）。当时，有三个事件与此有关。这三个事件都与西国地区监视体制的构建密切相关，也都涉及对那些曾受丰臣家重恩的大名所实行的贬黜和转封。同时，这些事件都是由德川家康策划的。首先遭难的是伊贺上野城城主筒井定次，接着就是丹波八上城城主前田茂胜。这些曾受丰臣家重恩的大名陆续遭到贬黜，由此，丰臣氏在东西两个方向的要冲都落入了德川方的控制之中。

德川家康将伊贺上野交给了藤堂高虎，将丹波篠山交给了松平康重（有观点认为他是德川家康的私生子）。家康将这些深得自己信赖的武将部署在这里，用上野城（高虎改建）控制了大和街道，用篠山城（八上城在藤堂高虎等人所主导的天下普请①中废城）控制了山阴道（篠山街道）。加上之前已经掌握在手的东海道、东山道（后来的中山道）、北国街道，家康已经完全掌控了所有通往京畿地区的主要路径。

这也正是为了确立西国地区的监视体制而采取的战略中的一环。其中，藤堂高虎从伊予转封到伊贺、伊势两国一事极其重要。它强化了从濑户内海地区到九州地区的监视体制，以监视那些曾受丰臣家重恩的大名。后文还会讲到这一点。

与藤堂高虎转封有关的第三个事件，是淡路洲本城城主胁坂安治被转封到伊予大洲一事。代替胁坂安治被派往洲本城的代官正是藤堂高虎。高虎判断，为了防备有势力从东国地区越过纪伊半岛进入纪淡海峡而设的洲本城十分碍眼，于是废弃了山上的城郭。

关于西国地区各大名所拥有的五百石以上的军船（即安宅船），庆长十四年九月，德川家康曾派遣九鬼守隆作为巡检使前往淡路，对淡路国的安宅船进行征集，并在检查后没收。近年来有研究指出，因大型船禁令而被收

---

① 江户幕府命令全日本大名进行的土木工程。

缴的军船零件曾被用作河内狭山池（位于今大阪府大阪狭山市）的导水管。

与此相关，家康将收缴的军船之一"纪伊国丸"赐予池田辉政一事也很有意思。辉政是家康的女婿，从篠山城筑城开始，他就和藤堂高虎共同为了建立西国地区的监视体制而积极活动。当时池田辉政在其领地内一直致力于构建东濑户内地区的海域监视网，这次受赐军船也与监视网的完成关系匪浅。

德川家的濑户内海

庆长十五年（1610），池田辉政的三子池田忠雄获赐淡路。由于洲本城已经废城，他便在岩屋（位于今兵库县淡路市）筑城。这是一座采用整体式石墙结构建造的俯瞰明石海峡的要塞。而且在庆长十八年，他又修筑由良城（位于今兵库县洲本市）以代替岩屋城。该城同样采用了整体式石墙结构建造，也是一座俯瞰纪淡海峡的要塞。

池田辉政的本城姬路城在庆长十四年竣工。他在自己横跨淡路、播磨、备前三国的领地内布置了一个分城群。可以确定在大坂之阵以前，池田辉政曾以姬路城为中心，对淡路岩屋城、淡路由良城、播磨明石城（即船上城，位于今兵库县明石市）、播磨高砂城（位于今兵库县高砂市）、播磨赤穗城（位于今兵库县赤穗市）、备前下津井城（位于今冈山县仓敷市）等城进行了修筑和改造。很明显，这个城郭网也是西国地区监视体制的一环。

庆长十三年藤堂高虎转封之时，他的养子藤堂高吉受家康之命留在今治，以监视福岛正则等曾受丰臣家重恩的西国大名。高吉得到了越智郡二万石的领地并接管了今治城。担任甘崎城代的藤堂家重臣须知出羽也留在了今治。高虎转封后，部署在伊予国的大名有：板岛的富田氏（十万石）、大洲的胁坂氏（五万三千石）、松山的加藤氏（二十万石）、今治的藤堂氏（二万石）。

庆长十八年富田氏遭贬黜后，藤堂高虎暂时接管了板岛城。为了防备大坂方在庆长十九年发难，他派重臣藤堂良胜对板岛城进行大规模的改建。这应该也是为了监视岛津氏等曾受丰臣家重恩的西国大名，防止他们有呼应大坂方的举动。

以庆长十三年藤堂高虎转封为标志，德川家康确立了新的大名部署。这让家康直接掌握了名古屋以西邻近东海道、大和街道、山阳道、山阴道的各个令制国以及濑户内海。同时，家康企图建立一个地域广大的监视体制，它不仅针对丰臣秀赖，同样也针对那些曾受丰臣家重恩的西国大名。新的大名部署让这一计划的实现成为可能。

西国地区不断进行的城郭修筑和改建就与这次大规模

转封有关。城郭建筑物的移建甚至跨越了国与国的界线。由此，一个巨大的城郭网诞生了。从名古屋到近畿①，再到中国、四国的濑户内海沿岸地区都处在这个城郭网的覆盖之下。这就是西国地区监视体制的具体形态。秀吉死后不久，家康就开始毫不掩饰地筹划着怎样对丰臣氏以及那些曾受丰臣家重恩的大名进行封锁了。

那么，给西国地区监视体制定下基调的转封工作为什么要在庆长十三、十四年进行呢？笔者认为，当时家康之子陆续意外身亡是这件事的直接诱因。庆长十二年三月，松平忠吉（家康第四子，二十八岁，尾张清须城城主，五十二万石）去世。同年闰四月，松平（结城）秀康（家康次子，三十四岁，越前福井城城主，六十七万石）暴毙身亡。家康曾希望他们能够帮助自己镇守西国地区。所以可以肯定，他们的死正是家康对大坂方采取强硬态度的主要原因。

如此一来，在伊予国内，像以前藤堂高虎和加藤嘉明那种大名之间一触即发的敌对状态消失了。这是因为西国地区监视体制的建立让丰臣氏及受其重恩的大名完全陷入了包围。可以说，大坂之阵时西国大名之所以没有起兵发难，正是因为他们早就丧失了能够获胜的客观条件。

---

① 近畿地区指今大阪府、京都府、兵库县、奈良县等二府五县。

庆长年间的海盗

令人意外的是，处于西国地区监视体制之下的濑户内海竟还有海盗出没。证实此事的是毛利辉元写给能岛村上氏家督村上元武及其叔父、监护人村上景亲的日期为八月十三日的判物（村上水军博物馆保管《村上家文书》）。

毛利辉元在文中命令他们查明在周防屋代岛的安下（位于今山口县周防大岛町）发生的海盗活动事件。村上元武之父村上元吉在庆长五年（1600）九月战死，其祖父村上武吉在庆长九年八月二十二日去世，而村上景亲则在庆长十五年二月九日去世。所以可以推定，辉元发出判物的时间应在庆长十年到庆长十四年之间。

由于庆长五年九月的关原之战，当时毛利氏的封地已经遭到了大规模削减。其领地已经从安艺、周防、长门、备中半国、备后、伯耆半国、出云、隐岐、石见被减封到了仅剩周防、长门两国。但为了镇压濑户内海地区的海盗，毛利氏仍然希望村上氏进行海上警戒。而且，当时的村上元武已经在屋代岛的和田建立了自己的据点。庆长十五年，他被起用后进入长州藩的首府萩城。第二年，也就是庆长十六年，他担任了长州藩的船手队长。

从这次海盗活动事件也能看出，至少我们不能说丰臣政权所颁行的一系列法令立即消灭了海盗并且带来了"海上和平"。正如毛利辉元认为"贼船"是"一件大事"一样，虽说海盗活动不被容许，但庆长年间的濑户内海上仍有海盗出没。

下面我们就来介绍一下庆长年间有关海盗的传说。当然这些只不过是传说而已，但也告诉我们这个时期濑户内海以及其他海域上的海盗活动并未消失。

因岛村上氏曾在美可崎城（位于今尾道市因岛三庄町）设置海关。在这座城遗址的前端，有一块立于庆长四年的地藏岩。下面这个故事讲述了它的由来。

周防的高桥藏人之女为了得到琴艺秘诀而从海路上京，途中被同城的金山康时的手下掳走。他们强迫她委身于康时，她抵死不从。于是，暴怒的康时在海岸上杀掉了她。在那之后不久，一到夜里就能听到不知从哪里传来的女人的抽泣声及琴声。左右为难的康时只好在一块天然石头上雕刻了地藏菩萨加以供奉，此后，种种怪象便消失了。

在知多半岛尖端的重要港口师崎，有一座名叫延命寺（位于今爱知县南知多町）的古刹。这里每年都会展览镇寺之宝，其中在江户初期制作的"洛中洛外图屏风"非常有名。那是一对宽 1.5 米、长 3.5 米的六扇屏风，上面生动华丽地画着南蛮人①和祇园祭②等图案。

据传说，庆长二十年大坂夏之阵的时候，有一位公主从大坂城中逃了出来。但她被当地的海盗千贺氏（出身志摩的海盗，被九鬼氏赶走后盘踞在知多，后成为德川家康的水军、担任尾张藩的船奉行）抓走。这个屏风就是从那位公主处缴获的东西。在延命寺的山门附近的"宝箧印塔"据说就是那位遭遇不测而身亡的公主之墓。

这里需要注意的是，在知多半岛负责海上警戒的千贺氏曾对敌船发起海盗活动。虽然这属于战时的特殊事态，但同样可以这么理解：针对那些不服从公立海关的人进行的海盗活动是被允许的。

江户时代的海防体制

经过了大坂之阵，在天草岛原一揆③之后，日本的海防体制发生了重大的变化。宽永十六年（1639），幕府上使加贺爪忠澄处死了前来请求取消贸易禁令的所有葡萄牙

---

① 指中世至近世到日本的葡萄牙人、西班牙人，亦泛指西方人。
② 京都八坂神社在每年七月举行的祭典，是日本代表性的祭典之一。
③ 又称"天草一揆""岛原之乱"。1637 年，九州岛原半岛与天草群岛的基督徒与农民为反抗江户幕府的政治迫害与重税，在天草四郎的领导下起义。次年，德川幕府镇压了起义，随即实施闭关锁国。

人使节。此后不久，宽永十七年，加贺爪忠澄等人又在岛原和小仓召集九州地区各大名，命令他们设立监视来访外国船只的瞭望所。

这一命令不仅仅是针对九州地区大名的。加贺爪忠澄等人也在播磨室津召集了周边各大名，向他们下达了同样的命令。此后，从九州、濑户内地区开始，瞭望所等海防设施迅速地在西国沿海地区设立起来。

宽文七年（1667），幕府巡检使对从濑户内地区——摄津、播磨、备前、备中、备后、安艺、周防、长门、赞岐、伊予各国——到九州地区的十九个令制国进行了"浦村调查"。他们按照不同的国、郡，除了记录各个村落的领主名、石高、户数以外，还事无巨细地记录了瞭望所、船坞、灯明堂（日式灯塔）、船数、水手数等海防相关信息。

例如，伊予国在这一年的四月一日到五月十三日之间就进行了全国规模的调查，确认共有瞭望所十八所、船坞四十所、灯明堂两所、船两千六百八十七艘、水手八千三百二十八人。

和歌山藩也是一样。宽永十七年以后，藩内陆续推出海防政策，在海岸地区要地设置了瞭望所、狼烟台、长明灯塔等设施，又在纪伊的有田、海士、日高、牟娄诸郡以及伊势的田丸、松坂、白子领的各个海湾以地区为单位成立小队，并以乡士①为核心结成农兵部队，负责海上警备工作。

在瞭望所中工作的是隶属于各海湾小队的地士②，他们会在外国船只等可疑船只靠岸时将消息紧急报告给和歌山藩，同时升起狼烟告知附近的人。看到狼烟，海滨小队中"从十五岁到六十岁"的成年男子就必须武装起来迅速赶往现场。至此，在和歌山藩的各个海湾村落中，在进行乡土防卫战时从各自村落出兵就成了百姓的义务。

虽然可以说海禁体制（江户幕府的对外交流垄断体制）是出自对于黑船来袭和再次爆发切支丹一揆的恐惧，或者说是在明朝灭亡等种种紧张的国际环境下做出的选择，但为了稳定这个体制而对海防系统进行的整顿成为一项非常现实而且严峻的政治课题，尤其是对于西国地区各藩来说。和歌山藩就是为了应对这种紧急事态，迫于压力，只好将藩士甚至是农兵都动员起来以建立海防体制。

从九州到纪伊半岛的西国沿海地区基本同时设立起了海防设施。所以可以想象，这些地方的情况与和歌山藩也

---

① 农村中的下层武士。
② 乡村中的土豪武士。

基本相同。

例如在当时的土佐藩，家老①野中兼山率领被称作"一领具足"②的乡士（又称"百人众乡士"）进行新田地的开拓。这一工作在藩政之中影响显著。但到了正保元年（1644），在柏岛、足折、与津、津吕建立了瞭望所，他们也随之参与海防工作。与和歌山藩一样，野中兼山看到，仅凭藩士来守备漫长的海岸线是不可能的，于是他也积极地利用了乡士制度。

像这样在现实中力图维持海禁体制的做法，其背后必定要有足以应对紧急事态的相应军事体制存在。于是他们就采用了这种在国家面临存亡危机时面向当地居民的总动员政策。

从宽永年间到正保年间，为了防备切支丹一揆和黑船来袭，幕府迅速地调整了日本的国防体制。这种调整通过制定宗旨人别改帐③、制作正保国绘图④，以及在以九州为首的西国各藩中设立瞭望所等措施逐步实现。自然，这

---

① 大名的重臣，家臣之首，负责统管家中事务。
② 一种半兵半农、兵农合一的兵役制度。"具足"是盔甲的意思。长宗我部元亲规定，凡拥有三町（约三公顷）以上土地者，每户必须准备一副盔甲，平时务农维生，战时则穿上盔甲投入战斗。
③ 即"宗门人别改帐"。德川幕府为了禁止基督教，调查每家、每人的宗教信仰，让百姓证明自己是佛教徒，并将调查结果制作为"宗门人别改帐"。
④ 1644年，江户幕府命令各地大名以令制国为单位绘制的地图。

种措施也直接导致了海盗活动被禁止。

庆长年间的濑户内海上仍有从事海盗活动的人。而到了十七世纪后半期，由幕府主导，西国各藩的海防体制得以强化。于是，那些从事海盗活动的海盗终于不复存在。

结　语

秀吉的海盗活动禁令果真彻底地否定了中世时期以来的海盗从而给海域带来了"和平"，同时为江户时代的海禁体制开辟了道路吗？笔者写作本书的直接动机正是出于对这一通行说法所抱有的单纯的疑问。

在二十五年前，藤木久志就曾提出，经过战国大名领国和平令的推行和发展，丰臣政权曾颁行一项否定大名、领主的"自力救济权"（即交战权）的单独法令——总无事令。

而且，藤木久志还主张将海盗活动禁令、争执禁止令（据推测，这是一项禁止百姓使用武器的法令，但原法令内容仍然不详）、刀狩令等禁止私自战斗的法令统称作"丰臣和平令"，认为丰臣政权在统一日本的过程中曾在全国范围内强制推行了这些法令。这种观点从根本上否定了以往那种应该称作"军事统一史观"——认为统一是由"天下人"使用武力达成的——的看法。

有关海盗活动禁令，藤木久志也明确提出了一些观点。例如"丰臣政权垄断了对海盗的裁决权，而仅仅将追捕海盗的责任和权限赋予当地的地头（即领主）和国主（即大名），这确实是海盗活动禁令的体制。对海上强盗活动的裁决权就等同于丰臣政权控制海域和平的体制"。

"丰臣和平令"这一概念，是受到了从地域社会到国家形成，即公权力自下而上而形成的这种颇具魅力的视角，以及十二世纪中期德意志的 *Landfrieden*（帝国和平法令）和武器限制条款的启发而提出的。由于其兼具比较史学的观点，故而很快就变成了通行的说法，而且近二十年来一直保留在高中的日本史教科书中。

然而，笔者的祖先曾遭受到前所未有的侵略。无论过了多久，像笔者这种出身四国的乡下人都很难接受这种通行观点。当然，这也并不是一种个人式的感想，而是出于地域史视角的一种单纯的疑问。

本书将秀吉对濑户内地区的海盗世界进行重组的过程分为三个阶段，现总结如下：自秀吉身为信长重臣之时，经过长年的外交谈判，最后在天正十三年（1585）将濑户内地区海盗世界的管理委任于转型为丰臣系大名的毛利氏（第一阶段）；随着天正十五年进行的九州地区领国划分，小早川氏转封，此时秀吉与毛利氏"合谋"迫使海

盗大名河野氏灭亡，同时将反复进行海盗活动的村上氏
"流放"到九州（第二阶段）；其结果就是丰臣家的直属
大名控制了海域，这让濑户内地区的海盗世界发生了根本
性的质变（第三阶段）。在这之中，隐藏着一种应将其称
作"否定中世"的严酷现实。

正如本书中所言，自天正十三年对四国地区进行领国
划分起，禁止海盗活动就成了丰臣政权的一项基本方针。
这项方针被多次下达，同时其"法域"也不断扩大——
在天正十五年扩大到西国地区各个大名处，到天正十六年
已经扩展到了除关东、奥羽之外的其他地区的大名处。

丰臣政权这样做的目的，是禁止海盗势力私设海关、
从事海盗活动，并要通过由丰臣政权和各大名设置的公立
海关强化对海域的监视，以此来为对外侵略做准备。只能
说，这是一个为了推行大规模的惨烈战争而颁行的法令。

二十年前，笔者就对"总无事令"表示过怀疑。笔
者认为，我们能够通过史料来确定的只有限定了对象区域
和回执时间的停战令，所以无法像藤木久志那样强调其对
大名、领主交战权的否定并将其放在"近世之祖法"的
位置上。终于，最近"总无事令"并不存在的观点已经
得到了广泛认同。现在是时候彻底改变我们对中世到近世
这一过渡时期的认识了。

无论陆海，丰臣政权都没有否定过大名、领主的交战

权（大概也没有认为真的能够否定他们的交战权吧），而是通过对交战权的限制来控制这些大名和领主，以便将他们投放到更大的战场中去。我们应该从这个视角出发去理解丰臣政权多次强制施行的海盗活动禁令。

只要不抵触丰臣政权的方针，那么海盗势力就仍然能够继续存在，虽然他们在十七世纪后半期被各藩收编成船手众，甚至连名称都被改变了。在天草岛原一揆之后、设立用以监视外国船只的瞭望所等据点并构建起新的海防体制之前，除了发挥水军的作用之外，各藩还希望海盗势力能够成为一个监视海盗活动的专业性组织。

经历了以上种种波折，海禁体制下的海域监视体制终于诞生了。实际上，从海盗活动禁令的发布算起，至此已经过去了一个世纪的岁月。倘若从海洋史的角度来审视战国的落幕，就微观而言是海盗大名被否定、其麾下的海盗势力遭到解体并被再编为各藩的船手众；而宏观地看，则应该是如下的历史。

自织田政权以来，出身于尾张、三河①的东国势力征服了西国势力，这个过程就是天下统一之路。织田信长在对西国地区正式发起进攻的前夜遭遇本能寺之变，进攻计划也因此受挫。经过秀吉的统一战争，乃至经过从关原之

---

① 日本古代令制国之一，范围相当于现在的爱知县东部。

战到德川家康确立对西国地区的监视体制这一时期，大半西国地区都被分配给了出身东国地区的大名。

但是，我们不应将从统一战争到幕藩体制的建立视作单纯的军事统一。重要的是，通过这一过程，中世时期以来的领主权遭到否定，同时，由"天下人"将领地、领民、城郭交予各大名管辖的基本原则，即近世意义上的知行制原理被强制导入了。这就是无论海陆，土地所有权全由武家政权所掌握，在以预治思想为背景的大名官僚化和仁政的基础上力图实现对地区的统治。

顺便说一下，出身于四国地区并且成功转型为近世大名的只有丰后森藩藩主久留氏（来岛氏）一家。可以说，江户时代的四国地区就形同殖民地一样。而志摩的九鬼氏等少数幸存的海盗大名则全部背井离乡，甘于在山间做一个小藩的藩主。

陆地的逻辑（＝东国地区的逻辑）终于否定了海洋的逻辑（＝西国地区的逻辑）。然而在两个世纪之后，随着日本的开国，西国地区的逻辑再次苏醒过来并征服了东国地区的逻辑。近代日本再次踏上了这条在出征朝鲜失败后被封印起来的通往海洋国家之路。

本书也是笔者深受多方教益的结果。虽然不在此一一列举其姓名，但笔者仍要向那些对此予以理解和关照的各地朋友，自然也包括笔者曾去调查的博物馆和资料馆表示衷心的感谢。中央公论新社的井之上达矢先生为笔者提供了写作本书的机会，田中正敏先生负责了本书的具体编辑工作。最后，笔者要向他们致以诚挚的谢意。

2011 年 9 月

藤田达生

参考资料

1 到他家仕官的村上氏与家臣集团

姓名	仕官地	出身
村上元武	出仕于萩藩。一千五百石。成为村上图书家	能岛村上氏首领
村上景亲	出仕于萩藩,成为村上一学家	能岛村上氏分家
久留岛(来岛)康亲	关原之战后,成为丰后森藩初代藩主,一万四千石	来岛村上氏首领
村上吉资、村上元允(子)	从属于萩藩(属村上图书组)	因岛村上氏首领
村上喜兵卫元吉	出仕于萩藩	因岛村上氏同族
岛又兵卫、岛善兵卫(弟)	关原之战后,出仕于丰后森藩。四百石	能岛村上氏同族(岛越前之子)
村上景广、村上景则(子)	关原之战后,出仕于丰前小仓藩细川氏	能岛村上氏同族笠冈村上氏(村上隆重之子)
村上吉清	出仕于和歌山藩。四千二百二十石	来岛村上氏(来岛通总之弟)

姓名	仕官地	出身
村上吉继、村上景房（孙）	村上景房历仕小早川秀秋、细川忠兴,后出仕于和歌山藩	来岛村上氏（重臣）
青木理兵卫（初理右卫门,一百三十五石）、庄林七兵卫（二百五十石）、贺藤孙四郎（一百四十石）、宫田与次兵卫（一百六十石）、青木与吉郎（三郎右卫门,一千石）等船手众	出征朝鲜时,出仕于丰前中津藩黑田氏	能岛村上氏家臣
萩山惣兵卫、山下喜三郎、山下勘助、本庄新右卫门、川口新介、神田传左卫门、神田喜左卫门、萩田市助、田宫长八、本庄佐吉（均为一百石左右）	关原之战后,出仕于藤堂藩（藤堂次郎左卫门取次,须知水主组）。他们在伊予的据点可能位于甘崎城附近	来岛村上氏家臣

2　能岛家家赖分限帐

（"走"一项表示出走他家之人）

家臣名	俸禄	备考	走
东右近助	一百石（另有二十石得自小早川隆景）	庆长六年脱离能岛村上家。"其不忠不义闻名家中"	○

家臣名	俸禄	备考	走
村上左马助	一百零一石	村上甲斐守的嫡子,继承家业后脱离能岛村上家。出仕加藤嘉明	○
友田次兵卫	八十二石四斗一升六合(另有五十俵得自小早川隆景)	曾自称大野兵库,但因招致秀吉的反感而改名。关原之战后,辅佐村上元武	
村上四兵卫	八十石	关原之战后仕官于加藤嘉明	○
江志市兵卫	四十一石	在其嫡子宇兵卫一代成为浪人。次子市左卫门曾出仕村上景亲,但后来成为浪人	
村上甲斐守	四十石	隐居。由次子彦兵卫继承家业,但甲斐守死后,彦兵卫脱离能岛村上家	
岛又兵卫	五十石	岛越前的嫡子。与其弟善兵卫一同脱离能岛村上家。与善兵卫一同出仕来岛氏,并被提拔为家老	○
大滨内记	四十石	村上丹后的次子。长于处理账目。于屋代岛担任家老	
和知孙兵卫	五十石	和知主计。曾为河野氏的"物头",后以村上氏家臣的身份去世。孙兵卫在侍奉村上元吉之时战死	
村上与兵卫	三十八石	担任"物续",亦长于文笔。这部分限帐就是由与兵卫负责完成的	○

丰臣秀吉与海盗大名

家臣名	俸禄	备考	走
村上忠兵卫	三十八石	在村上氏与来岛氏作战之时负伤暂退。二十年后在安艺竹原去世	
田洼神八郎	五十石	与村上四兵卫一同脱离能岛村上家	○
户崎杢之允	三十八石	与村上四兵卫一同脱离能岛村上家	○
山口五郎右卫门	三十八石	出征朝鲜时曾因打死猛虎而受到褒奖。与村上四兵卫一同脱离能岛村上家	○
三岛正右卫门	八石	与村上四兵卫一同脱离能岛村上家	○
乃万喜兵卫	三十八石	与村上四兵卫一同脱离能岛村上家	○
村上又左卫门	三十石	在和佐(位于今屋代岛)改名休庵。其嫡子九郎左卫门成为大滨内记的继任者。次子在又左卫门死后成为浪人	
村上新右卫门	五十石	与村上四兵卫一同脱离能岛村上家	○
岛源兵卫	三十八石	死后,由岛助右卫门之弟十右卫门继承家业,但十右卫门后来成为浪人	
村上彦兵卫	四十石	与村上四兵卫一同脱离能岛村上家	○
桑原太郎左卫门	四十二石二升	居住在和田(位于今屋代岛)侍奉村上景亲。后成为浪人	

家臣名	俸禄	备考	走
浅海勘助	四十石	移居平郡,但其嫡子五郎右卫门奉召出仕,即后来的权左卫门	
有田善太郎	二十五石五斗	与村上四兵卫一同脱离能岛村上家	○
大岛传兵卫	二十五石	在伊予战死	
椋野太郎左卫门	二十五石	与村上四兵卫一同脱离能岛村上家	○
俊成左京	二十五石	其嫡子是太左卫门,即现在的作兵卫	
村上右卫门进	三十八石	谋逆之人,已死	
冈村传右卫门	三十八石	与村上四兵卫一同脱离能岛村上家	○
大岛四郎右卫门	二十五石	村上采女之子。东右近助之婿,与其一起脱离能岛村上家。后回归再事故主。前往屋代岛,进入村上艺州家中。四郎右卫门的嫡子是村上七郎左卫门	○
村上忠左卫门	二十石	与村上四兵卫一同脱离能岛村上家	○
马场六太夫	二十石	与村上四兵卫一同脱离能岛村上家	○
田所甚卫门	二十五石	与村上四兵卫一同脱离能岛村上家	○

丰臣秀吉与海盗大名

家臣名	俸禄	备考	走
小方勘兵卫	二十石	与村上四兵卫一同脱离能岛村上家	○
手岛平右卫门	二十石	成为浪人,后出仕村上景亲	
矢野助藏	二十三石	与村上四兵卫一同脱离能岛村上家	○
庄林左近右卫门	二十石	居住在和田,后成为浪人	
儿岛菊右卫门	二十石	居住在和田,后搬迁到江田岛	
庄林甚吉	二十石	脱离能岛村上家	○
山下平左卫门	二十五石	脱离能岛村上家	○
冈村左兵卫	二十三石	与村上四兵卫一同脱离能岛村上家	○
伊崎久右卫门	二十五石	成为浪人	
岛越前	四十石	家中老臣。家业由岛助右卫门继承	
冈仓胜三	二十石	冈仓宗悦之子。成为浪人,后寄居在屋代岛大江寺的亲戚处	
大龙寺	十五石	虽然俸禄不多,但贡物很多。家中经营生意,所以能够经营寺院	
村上武吉隐居金	五十石		
村上景亲船悬所下属	七十六石六斗六升六合		

以下为小给人的资料。除以上四十四人之外,以下的小给人担任水手。
(表中波浪线表示中略。)

马场九郎右卫门	十五石	在伊予战死。其子朝木安左卫门成为浪人,后到广岛藩植木组当水手,其子为村田市之助	
马场彦左卫门	十五石	与村上四兵卫一同脱离能岛村上家	○
栉桥八右卫门	十七石五斗	在和田成为浪人,后到筑前,居住在其子弥五右卫门处。但弥五右卫门与人赌博斗殴而死,他回到和田隐居	
赤畝何作	十五石	迁居伊予,在松山经营药房	
矢野善左卫门	十五石	自安艺竹原时期一直管理米仓。由于账目出现很大问题而成为浪人	
高桥市之允	十七石	与村上四兵卫一同脱离能岛村上家	○
久万七郎左卫门	十五石	大野兵库的直属家人,迁居伊予村前(位于今喜多郡内子町)。其子出家,住在石手寺	
桥本三郎右卫门	十五石	与村上四兵卫一同脱离能岛村上家	○
周小兵卫	十石	庆长五年曾在伊予久米郡如来院击毙黑田九兵卫。在安下庄(位于今屋代岛)与村上四兵卫一同脱离能岛村上家	○

高桥五藤右卫门	十七石	前往广岛后,在来岛左门处仕官	
越知九兵卫	十石	擅长使用弓和,同时担任右笔。后迁居伊予宇摩郡	
赤畋六兵卫	十二石	与村上四兵卫一同脱离能岛村上家	○
和知五兵卫	十二石	移居蒲刈后,到左右卫门太夫处仕官	
乃间九左卫门	十石	出仕村上景亲,后成为浪人。迁居伊予	
庄林藤右卫门	十二石	在其嫡子喜太郎一代成为浪人。其弟权七出仕浅野越前	
原德右卫门	十五石	在伊予战死。其子弥二右卫门成为浪人	
小方助市	十五石	与村上四兵卫一同脱离能岛村上家	○
小地市兵卫	十石	其子半三郎受细川忠兴之召成为船头	
阿部神六	十七石	与村上四兵卫一同脱离能岛村上家	○
船濑孙七郎	十二石	移居伊予。在道前做医生,改称船濑是庵	
冈村宗寿	八石	在和田去世。其子吉左卫门出仕村上景亲	
庄林九郎左卫门	十石	因为有亲戚居住在安艺长滨(位于今广岛县竹原市忠海町长滨)所以移居过去	
乃间五左卫门	十七石	与村上四兵卫一同脱离能岛村上家	○

管清右卫门	十七石	迁居伊予今治，成为城镇居民	
西记三右卫门	十五石	与村上四兵卫一同脱离能岛村上家	○
中山惣右卫门	十五石	受村上景亲之召出仕，在其子一代成为浪人	
越知源兵卫	十石	与村上四兵卫一同脱离能岛村上家	○
镜七郎兵卫	十二石	在和田成为浪人。奉小仓的细川忠兴之召成为御座船的船头。后成为船奉行村上七左卫门的同僚。在其子一代改名为善右卫门	
田洼市右卫门	十石	与村上四兵卫一同脱离能岛村上家	○
寺町源七郎	六石	在和田成为浪人。后出仕村上景亲。清左卫门的亲戚	
小方久助	十一石	与村上四兵卫一同脱离能岛村上家	○
尾越弥吉	十石	右笔	
是次市兵卫	十石	与村上四兵卫一同脱离能岛村上家	○
河津新藏	十石	成为儿科医生	
岩城喜助	十二石	移居岩城，成为百姓	
弘泽太郎右卫门	十一石	到筑前仕官	
木下二郎右卫门	十二石	出仕黑田氏，成为船头	
中间弥左卫门	八石	与村上四兵卫一同脱离能岛村上家	○

（以下省略）

参考文献

序言

綱野善彦『東と西の語る日本の歴史』（そしかえ、一九八二年）、『日本社会再考──海民と列島文化』（小学館、一九九四年）、『海民と日本社会』（新人物往来社、一九九八年）など

磯川いづみ「伊予河野氏と甲斐河野氏」（『四国中世史研究』一一、二〇一一年）

景浦勉『河野氏の研究』（伊予史料集成刊行会、一九九一年）

勝俣鎮夫「中世の海賊とその終焉」（『戦国時代論』岩波書店、一九九六年）

岸田裕之「海の大名能島村上氏の海上支配権の構造」（『大名領国の経済構造』岩波書店、二〇〇一年）

柴田圭子「消費地遺跡から復元する戦国期流通の

一様相」（『日本中世の西国社会②　西国における生産と流通』清文堂出版、二〇一一年）

　山田康弘「戦国期伊予河野氏と将軍」（『四国中世史研究』一〇、二〇〇九年）、『戦国時代の足利将軍』（吉川弘文館、二〇一一年）

第一章

　鵜久森経峯『伊予水軍と能島城址』（能島史蹟保勝会、一九三九年）

　宇田川武久『東アジア兵器交流史の研究——十五～十七世紀における兵器の受容と伝播（吉川弘文館、一九九三年）など

　川岡勉『河野氏の歴史と道後湯築城』（青葉図書、一九九二年）、『中世の地域権力と西国社会』（清文堂出版、二〇〇六年）

　川岡勉・島津豊幸編『湯築城と伊予の中世』（創風社出版、二〇〇四年）

　川岡勉・西尾和美『伊予河野氏と中世瀬戸内海世界——戦国時代の西国守護』（愛媛新聞社、二〇〇四年）

　岸田裕之前掲「海の大名能島村上氏の海上支配権の構造」

丰臣秀吉与海盗大名

　桑名洋一「『河野家御過去帳』に見える伊予の戦国期領主」（川岡勉編『高野山上蔵院文書の研究——中世伊予における高野山参詣と弘法大師信仰に関する基礎的研究』愛媛大学教育学部、二〇〇九年）、「天正期沖家騒動に関する一考察——村上元吉を中心にして」（『四国中世史研究』一一、二〇一一年）

　谷若倫郎「いわゆる『岩礁ピット』を伴う海城と瀬戸内海航路」（愛媛県教育委員会『しまなみ水軍浪漫のみち文化財調査報告書——埋蔵文化財編』、二〇〇二年）

　西尾和美『戦国期の権力と婚姻』（清文堂出版、二〇〇五年）

　藤田達生「渡り歩く武士——和泉真鍋氏の場合」（『泉佐野市史研究』六、二〇〇〇年、後に拙著『日本近世国家成立史の研究』校倉書房、二〇〇一年、所収）

　村井章介『海から見た戦国日本——列島史から世界史へ』（ちくま新書、一九九七年）、「鉄砲はいつ、だれが、どこに伝えたか」（『歴史学研究』七八五、二〇〇四年）、「『東アジア』と近世日本」（『日本史講座5　近世の形成』東京大学出版会、二〇〇四年）など

　山内譲『海賊と海城　瀬戸内の戦国史』（平凡社選書、一九九七年）

第二章

尾下成敏「豊臣秀吉の淡路・阿波出兵――信長・秀吉の四国進出過程をめぐって」（『ヒストリア』二一四、二〇〇九年）

岸田裕之「課題と史料」（同氏前掲『大名領国の経済構造』）

利根川淳子「古文書鑑について」（松代藩文化施設管理事務所『松代』一六、二〇〇三年）

長谷川博史編「中世の港町鞆の浦を探る」（『鞆の浦の歴史　福山市鞆町の伝統的町並に関する調査報告書Ⅰ』福山市教育委員会、一九九九年）

畑和良「織田・毛利備中戦役と城館群――岡山市下足守の城館遺構をめぐって」（『愛城研報告』一二、二〇〇八年）

平井上総「津田信張の岸和田入城と織田・長宗我部関係」（『戦国史研究』五九、二〇一〇年）

藤田達生『謎とき本能寺の変』（講談社現代新書、二〇〇三年）、『証言　本能寺の変』（八木書店、二〇一〇年）、『信長革命――「安土幕府」の衝撃』（角川選書、二〇一〇年）、「織田政権から豊臣政権へ――本能寺の変の歴史的背景」（『年報中世史研究』二一、一九九六年）、「織田信長の東瀬戸内支配」（小山靖憲編『戦

国期畿内の政治社会構造』和泉書院、二〇〇六年）、「『鞆幕府』論」（『芸備地方史研究』二六八・二六九、二〇一〇年）

　　森田龍児「中世の遺構？と鞆幕府の鬼瓦？の発見」（『文化財ふくやま』一七、一九八二年）

　　山内譲『瀬戸内の海賊──村上武吉の戦い』（講談社選書メチエ、二〇〇五年）

　　山田康弘前掲「戦国期伊予河野氏と将軍」、『戦国時代の足利将軍』

　　山本浩樹「織田・毛利戦争の地域的展開と政治動向」『日本中世の西国社会①　西国の権力と戦乱』（清文堂出版、二〇一〇年）

第三章

　　中野良一「湯築城跡出土の瓦について」（愛媛県埋蔵文化財調査センター『湯築城跡』第四分冊、二〇〇〇年）、『湯築城跡』（同成社、二〇〇九年）

　　藤田達生「豊臣期国分に関する一考察──四国国分を中心に」（『日本史研究』三四二、一九九一年、後に拙著『日本近世国家成立史の研究』所収）、「豊臣政権と国分」（『歴史学研究』六四八、一九九三年、後に拙著『日本近世国家成立史の研究』所収）、「小早川隆

景の伊予支配」(『「社会科」学研究』二五、一九九三年、後に拙著『日本中・近世移行期の地域構造』校倉書房、二〇〇〇年、所収)

山内治朋「天正前期の喜多郡争乱の地域的展開——天正七年前後の争乱と予土和睦をめぐって」(『四国中世史研究』一〇、二〇〇九年)

第四章

加藤益幹「戦国大名毛利氏の奉行人制について」(『年報中世史研究』三、一九七八年)

岸田裕之前掲「海の大名能島村上氏の海上支配権の構造」

西尾前掲『戦国期の権力と婚姻』

藤木久志『刀狩り』(岩波新書、二〇〇五年)

藤田達生「小物成の成立に関する一視点——近世初頭の山支配を素材として——」(『年報中世史研究』二〇、一九九五年、後に拙著『日本近世国家成立史の研究』所収)、「織田政権から豊臣政権へ——本能寺の変の歴史的背景——」(『年報中世史研究』二一、一九九六年)、「海賊禁止令の成立過程」(三鬼清一郎編『織豊期の政治構造』吉川弘文館、二〇〇〇年、後に拙著『日本近世国家成立史の研究』所収)、「バテレン追放令の布達とその背景」（『ぶびと』五三、二〇〇一年、後に拙著『日本近世国家成立史の研究』所収）、前掲『信長革命──「安土幕府」の衝撃』

　松尾良隆「織豊時代の『城わり』について」（横田健一先生古稀記念会『文化史論叢』下、創元社、一九八七年）

　山内譲前掲『瀬戸内の海賊──村上武吉の戦い』、「海賊衆村上通康と河野氏」（山内編『古代・中世伊予の人と地域』伊予史談会、二〇一〇年）

第五章

　朝尾直弘「豊臣政権論」（岩波講座『日本歴史』九、岩波書店、一九六三年、後に朝尾『将軍権力の創出』岩波書店、一九九四年、所収）

　中野等『豊臣政権の対外侵略と太閤検地』（校倉書房、一九九六年）

　西尾和美「伊予河野氏文書の近江伝来をめぐる一考察」（『四国中世史研究』一〇、二〇〇九年）

　藤木久志『豊臣平和令と戦国社会』（東京大学出版会、一九八五年）、前掲『刀狩り』

　藤田達生『江戸時代の設計者──異能の武将・藤堂高虎』（講談社現代新書、二〇〇六年）、「湯築廃城期

考」（『伊豫史談』三五八、二〇一〇年）、「伊予時代の藤堂高虎——文禄・慶長期の大名配置」（『三重大学歴史都市研究センター・ニューズレター』一、二〇一一年）

藤田恒春『豊臣秀次の研究』（文献出版、二〇〇三年）

光成準治『関ヶ原前夜——西軍大名たちの戦い』（NHKブックス、二〇〇九年）

山内譲前掲『海賊と海城 瀬戸内の戦国史』

柚山俊夫「加藤嘉明時代の松山城砂土手と『大手口』」（『伊予の城めぐり——近世城郭の誕生』愛媛県歴史文化博物館、二〇一〇年）

尾声

藤田達生「徳川将軍家の創出」（『年報中世史研究』二五、二〇〇〇年、後に拙著『日本近世国家成立史の研究』所収）

松木哲「狭山池堤出土の船材」（『倭城の研究』二、一九九八年）

结语

尾下成敏「九州停戦命令をめぐる政治過程——豊

臣『惣無事令』の再検討」（『史林』九三―一、二〇一〇年）、「豊臣政権の九州平定策をめぐって――天正 15 年 7 月から天正 19 年 12 月までの時期を中心に」（『日本史研究』五八五、二〇一一年）

　竹井英文「戦国・織豊期東国の政治情勢と『惣無事』」（『歴史学研究』八五六、二〇一〇年）、「『関東奥両国惣無事』政策の歴史的性格」（『日本史研究』五七二、二〇一〇年）、「織豊政権の東国統一過程――『惣無事令』論を越えて」（『日本史研究』五八五）

　藤井讓治「『惣無事』はあれど『惣無事令』はなし」（『史林』九三―三、二〇一〇年）

　藤木久志前掲『豊臣平和令と戦国社会』

　藤田達生前掲『日本近世国家成立史の研究』、『秀吉神話をくつがえす』（講談社現代新書、二〇〇七年）

史料集

『四国史料集』（人物往来社、一九六六年）

『萩藩閥閲録』全六巻（山口県文書館編、一九六七～八九年）

『前田育徳会尊経閣文庫所蔵　武家手鑑　解題・釈文』（一九七八年）

『西海巡見志・予陽塵芥集』（伊予史談会、一九八

五年)

　『新訂黒田家譜』（川添昭二編、一九八三～八七年）

　『高山公実録』（大野木直好・池田定例編、上野市古文献刊行会編、清文堂出版、一九九八年）

　『黒田家文書　第一巻』（福岡市立博物館、一九九九年）

　景浦勉編『河野家文書』（伊予史料集成刊行会、一九六七年）

　景浦勉編『河野家譜　築山本』（伊予史料集成刊行会、一九七五年）

　景浦勉校訂『予陽河野家譜』（歴史図書社、一九八〇年）

　松井輝昭編『因島村上家文書を読む』（因島市教育委員会、一九九五年）

　松田毅一・川崎桃太訳『フロイス日本史』全一二巻（中央公論社、一九七七～八〇年）

　村上直次郎訳『イエズス会日本年報』（雄松堂書店、一九六九年）

　『看羊録』（姜沆、朴鐘鳴訳注、平凡社東洋文庫、一九八四年）

　『懲毖録』（柳成竜、朴鐘鳴訳注、平凡社東洋文庫、一九七九年）

『乱中日記』一～三（李舜臣、北島万次訳注、平凡社東洋文庫、二〇〇〇～〇一年）

土居聡朋・山内治朋「資料紹介　高野山上蔵院文書について（上）（中）（下）」（愛媛県歴史文化博物館『研究紀要』一一～一三、二〇〇六～〇八年）

報告书

愛媛県今治市教育委員会『今治市村上水軍博物館保管村上家文書調査報告書』（二〇〇五年）、『瀬戸内歴史シンポジウム——水軍の郷からの情報発信——能島城と村上水軍』（二〇〇九年）、『史跡　能島城跡』（二〇〇六～一一年）

愛媛県教育委員会『しまなみ水軍浪漫のみち文化財調査報告書——埋蔵文化財編』（二〇〇二年）、『しまなみ水軍浪漫のみち文化財調査報告書——古文書編』（二〇〇二年）

愛媛県埋蔵文化財調査センター『湯築城跡』一～五（一九九八～二〇〇二年）

愛媛県宮窪町教育委員会『宮窪町誌抜粋水軍誌』（二〇〇一年）

広島県福山市教育委員会『鞆の浦の歴史　福山市鞆町の伝統的町並に関する調査報告書Ⅰ』（一九九九

年）、『鞆の浦の自然と歴史』（二〇〇二年）

＊参考文献只限于主要资料、省略自治体史、图鉴类资料。

相关略年表

和历		主要事件
天正 (1573~1592)	一年	七月　足利义昭在宇治槇岛城与织田信长交战,败退 八月　朝仓、浅井两氏灭亡
	四年	二月　义昭转移到备后鞆之浦 七月　信长在木津川口败给毛利、河野水军
	六年	十一月　木津川口海战,九鬼嘉隆率铁甲船击破毛利、河野水军
	八年	闰三月　信长同大坂本愿寺媾和 五月　信长尝试同毛利氏讲和 八月　信长将丹波、丹后交予明智光秀
	九年	十月　秀吉攻陷鸟取城,平定因幡,同时进攻阿波、淡路
	十年	二~四月　信长出征甲斐,灭武田氏 五月　信长被荐担任将军 六月　信长、信忠父子死于本能寺之变。光秀在山崎之战中败亡
	十一年	四月　秀吉在贱岳之战中战胜柴田胜家 六月　秀吉进驻大坂城
	十二年	四月　德川家康在长久手之战中战胜秀吉 十一月　秀吉与织田信雄讲和 十二月　秀吉与家康媾和

和历		主要事件
天正 (1573～1592)	十三年	一月　秀吉向毛利氏出示中国地区领国划分计划与四国地区领国划分(赐予毛利氏伊予、土佐)计划的定案 二月　中国地区领国划分结束 四月　秀吉在和泉、纪伊颁行原刀狩令 六月　羽柴－长宗我部战争爆发。小早川隆景、吉川元长出征伊予 七月　秀吉以近卫前久养子的身份就任关白 八月　长宗我部元亲归降秀吉。四国地区领国划分结束,秀吉下令严禁濑户内海上的海盗活动
	十四年	七月　秀吉命小早川隆景担任进攻九州的先锋,伊予势力亦随军前往 十二月　秀吉就任太政大臣,受赐丰臣姓。长宗我部元亲、十河存保等人在丰后户次川败于岛津氏
	十五年	五月　秀吉战胜岛津义久 六月　九州地区领国划分结束,小早川隆景转封至筑前名岛。海盗活动禁令颁行(七～十五日)。十九日,颁布伴天连追放令 七月一～八日　发生海盗活动事件,秀吉要求村上元吉前往大坂 九日　河野通直在安艺竹原自杀,河野氏灭亡 十二月　西园寺公广遭户田胜隆谋杀,西园寺氏灭亡
	十六年	七月八日　颁行刀狩令、海盗活动禁令
	十八年	七月　秀吉战胜北条氏 七～八月　处置奥羽地区 八月　家康转封至江户
	十九年	八月　秀吉下令出征朝鲜 十二月　丰臣秀次就任关白

丰臣秀吉与海盗大名

和历		主要事件
文禄 (1592~1596)	一年	三月　秀吉出征至肥前名护屋(文禄之役) 五月　小西行长攻陷汉城
	四年	七月　秀次事件。德川家康、毛利辉元、小早川隆景等人向丰臣秀赖宣示效忠
庆长 (1596~1615)	二年	一月　再征朝鲜(庆长之役) 九月　来岛通总在鸣梁海战中战死
	三年	八月　秀吉病死,托孤于五大老、五奉行
	五年	九月　关原之战。村上元吉战死于伊予三津
	十九年	十一~十二月　大坂冬之阵
	二十年	四~五月　大坂夏之阵,丰臣氏灭亡
元和 (1615~1624)	二年	四月　家康去世
宽永 (1624~1644)	十四年	天草岛原一揆(十月至次年二月)
	十七年	命令西国地区各大名设立监视外国船只的瞭望所
宽文 (1661~1673)	七年	幕府巡检使在从濑户内地区至九州地区的十九个令制国施行浦村调查

图书在版编目（CIP）数据

丰臣秀吉与海盗大名：从海洋史看日本战国的终结／
（日）藤田达生著；信誉译. -- 北京：社会科学文献出
版社，2019.5
　ISBN 978 - 7 - 5201 - 4202 - 1

Ⅰ.①丰… Ⅱ.①藤… ②信… Ⅲ.①丰臣秀吉（
Toyotomi Hideyoshi 1536 - 1598）- 人物研究 ②日本 - 中世
纪史 - 战国时代（日本） Ⅳ.①K833.135.2 ②K313.34

中国版本图书馆 CIP 数据核字（2019）第 016476 号

丰臣秀吉与海盗大名
——从海洋史看日本战国的终结

著　　者／〔日〕藤田达生
译　　者／信　誉

出 版 人／谢寿光
责任编辑／沈　艺
文稿编辑／成　琳

出　　版／社会科学文献出版社·甲骨文工作室（分社）（010）59366527
　　　　　地址：北京市北三环中路甲29号院华龙大厦　邮编：100029
　　　　　网址：www. ssap. com. cn
发　　行／市场营销中心（010）59367081　59367083
印　　装／三河市东方印刷有限公司

规　　格／开本：889mm×1194mm　1/32
　　　　　印张：7.75　字数：142千字
版　　次／2019年5月第1版　2019年5月第1次印刷
书　　号／ISBN 978 - 7 - 5201 - 4202 - 1
著作权合同
登 记 号　／图字01 - 2018 - 0535号
定　　价／52.00元

本书如有印装质量问题，请与读者服务中心（010 - 59367028）联系

⚠️ 版权所有 翻印必究